「もしも」に備える食
災害時でも、いつもの食事を

宮城大学　食産業学部准教授
石川伸一
管理栄養士　日本災害食学会災害食専門員
今泉マユ子

清流出版

「もしも」に備える食

災害時でも、いつもの食事を

はじめに

「災害に対して、備蓄をしていますか？」という質問を投げかけられたら、イエスと答えるでしょうか、ノーと答えるでしょうか。

いろいろな備蓄に関するアンケートを見ますと、災害に備えて食料品を備蓄していると答える人の割合は決して多くはありません。災害直後の防災意識が高まったときは上昇しますが、平常時は三〜五割程度にとどまります。阪神・淡路大震災があった神戸市のあるアンケートでさえ、現在、備蓄している人は約三二％と少数派でした。

しかし、「今、家にある食料でどの程度生き延びることができますか？」とたずねれば、「数日」とか、「水とカセットコンロがあれば一週間」などのように具体的に答える方も多いのではないかと思います。

質問で「備蓄食」や「非常食」と訊《き》かれると、日頃私たちが食べているものと違う、何か特別な食事のように感じる方も多いかもしれません。

しかし、私が暮らす宮城県仙台市で、３・11の東日本大震災によって被災し、強く感じたことは、非常時だからといって急に特別なものが食べたくなったり、必要になったりするのではないということです。むしろ非常時だからこそ、当たり前の食事を強く求めるということを、身にしみて感じました。

私たちの中で、地震は非常時のこと、日常生活とは違うことと考えがちです。しかし、長い年月のスパンで考えれば、私たちの住む日本では、どこかで地震や災害は絶えず起こり続けています。日本に住む以上、地震と縁を切ることは難しいのです。

そのため、地震や非常食を特別視したり、日常生活から切り離せば切り離すほど、私たちが生き抜くうえで、むしろ大きな障害になると感じます。つまり、地震は滅多に来ないものなのだからと思えば、わざわざ地震に対して準備することがおっくうにもなるし、備蓄食が普段食べないようなものになってしまうでしょう。

先のアンケートの結果からは、備蓄をしていない人から、「備蓄のことまで気がまわらない」という声が聞かれます。さらに、備蓄するのが面倒、うちに備蓄するスペースなどない、備蓄にまわすためのお金がないといった意見もあります。

しかし、私が社会の中の「備蓄しないこと」の背景に感じるのは、備蓄に対する人の「心理的な負担」です。

備蓄について考えるということは、その先の「地震」のことを想像しなければなりません。「地震なんて、来ないでほしい」と思うからこそ、備蓄について考えることが先延ばしになってしまうのではないでしょうか。平常時にわざわざ怖い地震のことなど考えたくないというのが、普通の人間の当たり前の心理です。

震災後、講演などで災害時の食について一般の方にお話する機会が何度かありました。その際、「備蓄してください」とアドバイスし過ぎると、それがむしろ心理的なプレッシャーになる場合があると肌で感じ取っています。

心理的な〝壁〟が存在する備蓄について、なぜ備蓄しなければならないのか、備蓄の必要性・重要性を感じてもらうことはとても難しいことです。災害時の食の大切さを意識してもらうためには、被災した人の個人的な体験談が有効であると感じています。

あの大震災時に、いかに「食」が身体と心の両面を支えていたかという、体験した人だからこそ語れるリアリティが、「備蓄したがらない壁」を壊す〝ハンマー〟になるのではないかと思います。

東日本大震災から時間が過ぎ、いい意味でも悪い意味でも、その記憶が失われつつあります。風化してはいけない大切な教訓を含んだ記憶については、今後も語り継がれていくべきでしょう。

災害時はまさに、極度に制限された世界です。食料、水だけでなく電気、ガスなどのライフラインも制限されます。また、それだけでなく、「考え方」も制限されます。難しい、まどろっこしい考え方をしていたら、災害時の状況に対応できなくなってしまうので、考え方も行動もシンプルになっていきます。

制限され、シンプル思考になっているときだからこそ、その限定された空間で生きるための工夫が生まれやすく、本質をとらえた発明や考え方が生まれる可能性があります。

災害時のことを考えるのは誰しも気が進みませんが、災害時に何が必要か、どんな心構えが必要かを考えておくことは、私たちの普段の生活でも何が大切なのかを考えさせ、食の大切さを示してくれるのだと、今、身にしみて感じています。


二〇一五年二月、もうすぐ東日本大震災から四年の仙台にて

石川伸一

目次

【料理編】

1 章

なぜ、食を備えなければならないか

石川伸一
（❶❷❸章）

地震を予測することの大切さ

3・11東日本大震災から四年の月日が流れました。この間、小さなものを含めると、かなりの数の地震が頻発しています。昨年の一一月には、長野県北部で最大震度六の大きな地震が発生し、多数の住宅が被害を受けました。

こういった現状を認識していてもなお、私たちは、突然グラグラッと揺れを感じるとヒヤリとはするものの、すぐに治まると安心して、また日常に戻っていきます。このような日常生活に影響を及ぼさない程度の弱い地震に、私たちは「慣れっこ」になっているようです。しかしこのことが、地震に対しての恐怖心や警戒心を薄めている要因になっているとすれば、ちょっと考え直したほうがいいような気がします。

二〇一四年に文部科学省が公表した「南関東でマグニチュード七クラスの地震が発生する確率は、三〇年以内に七〇%」という数字を見ると、首都圏直下型地震の発生による危機感を感じる方が少なくないでしょう。

また、東海から九州にかけての太平洋側では、南海トラフによる大地震が約一〇〇~

二〇〇年周期で起きているとみられ、次の地震の可能性も、「三〇年以内に七〇％」と予測されています。「三〇年以内」と聞くと、不安はあるものの「すぐには起きないんだ」と安堵する気持ちも否定できません。しかし、その地震は一〇年後に起きるかもしれないし、一年後かもしれません。明日起きる可能性も十分にあるのです。現実に引き寄せてみると、地震が起きたとき自分の生活はどうなるのか、考えざるをえなくなります。

一方、昨年は、集中豪雨や火山の噴火による思わぬ災害が発生し、大きな被害の爪痕《つめあと》を残しました。突然襲ってくる自然災害ばかりは慣れようがなく、対策を講じていたとしても、規模が大きすぎて対応できないこともあります。もちろん、地震でも想定外のことは起こりますが、ライフラインが断たれた際の対応、周りの住民との連携など、ある程度は予測がつけやすい、と言えるのではないでしょうか。つまり、地震の場合、想定内の震災状況に対しては、事前の「備え」を準備する期間があるということです。

弱い地震に慣れっこにならず、警戒心を持ちたい。
事前の備えをする期間は十分にある。

自治体の防災対策を知っておこう

各自治体でも当然、さまざまな地震対策がとられています。私の住んでいる仙台市を例にとれば、仙台市のウェブサイトに「仙台市地震ハザードマップ」というものが掲載されており、自分の住んでいる地域が、どの程度危険なのかが把握できるようになっています。マップは、「壊れやすさマップ」「地域の危険度マップ」「液状化マップ」の三種類で、マグニチュード七・五〜七・九の地震が想定されています。

これは地震が起きたとき、住宅や建築物の倒壊が被害を拡大させる、という過去の経験を踏まえ、まず、住宅・建造物の耐震化を促進しようという目的から作成されたもので、ウェブサイトで誰でも閲覧することができます。

また、「津波避難エリアと避難所・避難場所マップ」というものもあって、津波の被害を受けやすい地区に住んでいる人たちは、どんな津波警報が出たら、どこに避難すればよいのか、わかるようになっています。

自分の住んでいる地域がどのような場所にあるのかは、知っておく必要があり、また難しいことかもしれませんが、災害時どのような状況になるのか、想像しておくことも重要でしょう。

これらのマップを見て、どれだけの危険性があるのか認識できたら、住居の耐震補強工事や家具転倒防止器具の取り付け、防災グッズの用意、避難のシミュレーションなどを行うきっかけになると思います。このような危険に対する備えは、いわば、命を守るための対策です。

そして、その守った命をつなぐために必要なのが「食の備え」です。

住んでいる地域のハザードマップを見て、災害時の状況を想像してみよう。

被災時の食は、命をつなぐもの

これもまた、仙台市の例なのですが、仙台市消防局には地震防災アドバイザー室という部署があり、ここで、「サバ・メシ」を紹介しています。サバ・メシとは、「サバイバル・めしたき」のこと。災害時に食べる非常食をよりおいしくするために、身近にある食材や地元の食材を使って、簡単に安く作れるオリジナルメニューを考えることです。二〇〇六年から、株式会社エフエム仙台の「Date FM（デイト・エフエム）」の主催で「サバ・メシ＊コンテスト」が開催されています。その入賞者のレシピはDate FMのウェブサイトで見ることができ、また、「サバ・メシ防災ハンドブック」としても毎年発行されています。

なぜ、二〇一一年以前からサバ・メシが注目されていたかというと、宮城県では約三〇年に一度の周期で、大きな地震が起きると言われており、一九七八年の宮城県沖地震から三〇年が経ち、そろそろ大地震が来る頃だと思われていたからです。

また、3・11後に被災者たちの食の体験を、仙台市内の各「市民センター」が中心となって、『私はこうして凌《しの》いだ——食の知恵袋』という小冊子にまとめています。そこには、被災したときに何をどう食べたのかという実際のレシピや、震災時の市民の体験談が集められています。突然の出来事に困惑しながらも、限られた条件や食材で食べるものを作る。そこに、創意工夫が生まれるのは、やはり、食は生命活動を営むための命をつなぐものであるとともに、作り手が食でなんとか家族や身近な人たちをほっとさせたい、と思っていたからなのでしょう。

その小冊子の災害時のエピソードには、「停電のために冷蔵庫の食品で料理を作り、ろうそくの灯りの下で食べた食事が忘れられない」「避難所に白菜をたくさん差し入れてくれた方がいて、白菜漬けが食べられた」というような、生の声が載っています。

また、食の話だけではなく、家族や近所の人同士助け合ったこと、お肉屋さんが店にあるだけの商品を並べて売ってくれたことなど、助け合いの心や日頃の交流の大切さを感じるエピソードも紹介されています。

被災時の食には、知恵があふれている。
限られた条件下で食べものを作るとき、創意工夫が生まれる。

震災を経験しなかった人も、記憶の更新を

前回の宮城県沖地震を経験した方々は、割合、食の備えもされていたし、被災しても比較的冷静に対処されていた、という話を聞きました。3・11で初めて被害に遭った人も、この経験を生かして次に備えようという意識は、3・11以前に比べれば当然高いのではないかと思われます。

ですが、被災地以外の地域ではどうでしょうか。必ず震災はやってくる、とわかっていても、経験したことがないことにリアリティーが持てないのが普通なのではないでしょうか。私自身、仙台市で3・11を経験するまでは、缶詰をストックするくらいで、災害に向けて特別に備えることは何もしていませんでした。

日本中で大きく報道され、あまりの被害の大きさに多くの人はショックを受け、何かしなくてはとボランティアに出向いたり、寄付をした方も大勢いました。しかし、東北地方や関東地方から離れた場所に行って話を聞いてみると、地震に対するとらえ方に温度差みたいなものを感じることがあります。海外での災害は国内の災害よりも縁遠く感じるよう

に、自分から遠く離れて起きた災害、身近な場所ではない災害を自分ごととして想像することはもちろん難しいものです。

四年も経つと、記憶は徐々に薄らいできますが、実際に被害に遭った方もそうでない方も、当時何が不便だったのか、どう乗り切ったのか、という経験と記録を頼りに記憶の更新をし、自分自身の「備え」に生かしていただきたいものです。

遠くで起きたり、時間が経過した災害でも、忘れないことが備えになる。

家族みんなで食の備えを

しかし、私たちはなぜもこう、時間が経つと記憶が薄れるのでしょう。「去る者日々に疎《うと》し」と言いますが、震災はまたいずれ来るものです。それでも人間は、忘れないとやっていけないという、心理面での防衛本能が働くのでしょう。辛いことには取りあえず蓋《ふた》をして元気に生きよう、という考え方は、ある種前向きな姿勢ともとれます。しかし、きつくて辛かった体験と感情は、別物として考えなければ、対策をとることはできないでしょう。

とくにお子さんのいる家庭では、しつけや勉強、病気の対策と同じように、地震について考えることは急務です。子育てにはトラブルや辛いことがつきものですが、それを乗り越えるために、親御さんはどんな苦労も厭《いと》わず努力するでしょう。その中で、最も子どもに対し親としての実力が発揮できるのは、やはり「食」です。子どもは正直ですから、まずいものは受けつけません。おいしいものだといくらでも食べてくれます。親も子どものためと思えば、がぜんやる気が出てきます。防災食は、自分のためだけではなく、子どもや家族といった自分以外の人の命を守るためにあるものでもあります。そう考えると、なかなか気の進まない備蓄に対するモチベーションもかなり上がるのではないでしょうか。

そしてこの「食の備え」は、母親といった家族の特定の人だけでなく、家族みんなで考えるべきものです。そのほうが、危機意識を共有できるし、第一、楽しくやることができます。家族でキャンプに行くとか、河原で飯盒炊爨《はんごうすいさん》をするなど、アウトドアの遊びは、電気やガスが止まったときの大変貴重な予行演習になります。そして、アウトドアで楽しみながら調理することは、自身のサバイバル調理実習にもなるでしょう。

日常生活の中でも、子どもと一緒に買いものに行き、好きな缶詰を選んで簡単な料理を作ってみるとか、何かしら食べることにかかわっていることが大事です。缶詰を使って、親子が知恵を絞った料理を作る日を決めるのもいいと思います。子どもが料理を作ることは、どんな味や形になるのか想像力を養ったり、自分で食べものを調達して生きていく自立心を育てたりと、いいことづくめなのです。


備蓄は、自分、そして自分以外の命を守るためにある。親子で料理を作ることで、子どもの生きていく力を育てる。

行列をしても品物を手に入れたいという心理

さて、なぜ食を備えなければいけないのかという理由は、端的に言うと、「食べものが手に入りにくくなるから」です。地震によって道路が壊れ、交通網が遮断されると、物流が途絶え、都市部には食料が入ってきません。電車は電気が通るまで再開できないし、線路が壊れる場合もあります。津波で大被害を受ければ、もちろん港からも物資が入らなくなります。人間で言えば、身体中を巡っている血管が切れるのと同じで、血液がうまく循環しなくなってしまうのです。

電気が止まると、街の灯りも消え、都市の機能はみるみるうちに停止する、という経験をしました。コンビニなどは完全に電源が落ち、レジも動かないという状況下でも人が押し寄せていました。東京でも買い出しに走る人々が大勢いて、スーパーの棚から米や牛乳が消える事態になりました。

3・11から何日か経って、仙台市内の店が一～二時間だけ開いたとき、何百人もの人が並んでいました。このような行列は町のあちこちで見られた状況です。流通が途絶え、食料がなくなると、人は食べものを得るために行列をするしかないのです。そんな悲しい事実が骨身にしみました。

そんなとき、ヘリコプターが上空を飛んでいるのを見て、空から食料を投下してくれるといいのに、と思ったものです。ただ、ガソリンも少ししか入ってこなくて、ガソリンスタンドでは燃料を買うために車が長蛇の列をなしている状態でしたから、食料を投下されたとしても、そこまで取りに行けなかったでしょうが。

人が行列をするのは、必要に迫られた場合もあるでしょうが、何時間並んでも確保しなければもう二度と手に入らないのではないか、という恐怖と不安に駆り立てられて並んだ人も多かったのではないでしょうか。大勢の人がそうした結果、本当に必要な方の手に渡らないということもありました。

不安を解消したいという気持ちは、嫌なことは忘れたい、地震のことには蓋をして落ち着いた暮らしをしたい、という気持ちとつながっているような気がします。自分を守ろうとするときに顔を出す、人間の本能のようなものかもしれません。

そういうときに落ち着いてちょっと列から離れ、俯瞰《ふかん》して見ることができれば、また違う景色が見えてきます。不安に操られて行列に並ばなくとも、あるものでしのいでいけばいいのではないか、というような。

わが家には、缶詰などのストック品がある程度あったので、心理的に客観的でいられたのでしょう。家にまったく食料がなければ、私も目をぎらつかせて買いに走っていたかもしれません。心理的余裕を確保するという意味でも、食を備えることは非常に大事なのです。

それから、行列を見ていて、人のイライラした気持ちがとても気になりました。大勢の人の中で、一割程度でもイライラした人が入れば、その雰囲気は伝播《でんぱ》します。食料がないことで犯罪に近いことをする人が出ないかという不安が蔓延していく感じがしました。心の余裕がないと、イライラに飲み込まれてしまいます。余裕を持つためにも、食を備えることが重要なのは言うまでもありません。

食を備えるのは、災害時には流通が途絶えるから。
行列にイライラするよりも、食の備えで心理的余裕を持つ。

電気のない暮らしは予行演習ができない

震災時に困ることの一つに、停電があります。幸いなことに、わが家は停電してから五日目に電気が通じました。電気がこないとこんなに不便な生活を強いられるのだ、という経験をし、通電したときの喜びは、思わずガッツポーズをしたほどでした。「灯りの何とうれしいことよ」と。家が明るいというのは、それだけで心が明るくなるものです。少し前から、隣の町に電気がつき始めたという噂が流れてきて、「まだか、まだか」という期待の高まりが周囲からも感じられました。それだけみんな電気のない生活に困窮していたのだと、肌で感じたものです。

現代人に、「電気のない生活を経験して、震災に備えましょう」と言ってもどだい無理な話です。東京では、東京電力福島第一原子力発電所の事故の影響で、電気の供給が需要を上回らないようにするため、計画停電が一部の地域で行われましたが、すぐに撤回されました。都市部では、電気を数時間でも止めれば、通勤もできないし、仕事にも差し支え、経済がまわっていかないことが確認されたことでしょう。

水道は、私の場合、住んでいるマンションの一階に配管が壊れているところがあり、そこへ汲みに行けば入手できる状態でした。しかし、上の階の人たちは、汲んだ水を運ぶのが大変です。高齢者宅には、ボランティアの若い人たちが運んであげたりしていました。水ほど重くて持ちにくいものはありません。やはり、命にかかわる水のストックは何より大切なのだと実感しました。

電気のない生活は、不便すぎて予行演習ができないし、水も他のもので代用することはできません。しかし食は、食べられるものであれば、手元にある食材で工夫することができます。

電気が止まると都市生活はまわっていかないが、食は工夫できる。

こだわりすぎず、臨機応変に対処する

私たちは普段の生活が豊かすぎて、いつもある食材がなくなる、という経験をしたことがめったにありません。いつもあると思っていたものがなくなると、そのショックで、代用になるものを考える前に「どうしよう」という不安が先走り、ある種パニックに陥ってしまう可能性もあります。

当たり前にあるものほど、なくなったときのショックは計り知れず、「ない」ことばかりにとらわれてしまいます。都会でお米などの買い占め現象が起きたのも、「ないと困る」ことで頭がいっぱいになった人が多かったからではないでしょうか。あのときほど、日本人は米に頼っていることを如実に感じたことはありません。

けれども、ないものを追い求めても、どうすることもできない場合は、これまでの経験と知恵で新しい食を創り出すしかありません。米がなく、めん類があればそれを食べればいいでしょうし、生鮮食料品の肉や魚が手に入らなければ、缶詰などでタンパク質源を摂取することが大事です。いざというときには、こうした臨機応変さがものを言います。

米と肉はないけど、小麦粉と缶詰を組み合わせて調理すれば十分おいしく食べられる、というような応用力こそ、震災時には必要なものです。日頃から限られた食材なり、金額なり、時間なりの制限された条件下で上手に作れている人は、災害時もうまく乗り切れると思います。こうしたアイデアは、いきなりひらめくものではなく、日頃のトレーニングによるもの。「食の地アタマ力」を身につければ、それをそのまま災害時にも応用できるでしょう。

そういう意味で、毎日、あり合わせのものでパパッと作れる方などは最強です。普段から料理をし、多くの食材を身近に感じている人ほど、応用力にすぐれているように思います。作り方や食材にこだわる方ほど、アイデアに詰まってしまうでしょう。非常時にはアバウトさも大切なのです。

栄養のことは、料理を作る方ならみなさん、日頃から気を配っていることであり、災害時の非常食であっても、食材の種類がある程度そろっていれば、バランスの良い食事を心がけて作られると思います。しかし、一食一食の食事の栄養に過剰にこだわりすぎなくても、状況が落ち着いたあとのより長いスパンでの食事で栄養を調整する、と考えたほうが、気がラクです。

要は、「こうでなければならない」という考えを捨て、大変な状況の中でも工夫することで、おいしく楽しく食べられる食卓をめざすことではないでしょうか。

食材がないことにとらわれず、あるもので応用する。一食の栄養にこだわるより、おいしさ、楽しさをめざす。

食の備えは行政に頼らず自助で

３・11では、被害が広範囲におよんだため家が倒壊したり、津波で流されたり、また、原発事故のため自宅に居続けることができない多くの被災者の方たちが、避難所生活を余儀なくされました。

しかし、自治体で備蓄していた食料はあっという間になくなったと聞きます。実際、公民館などで米を何十キロもストックしておいても、数日でなくなってしまい、「米を持ち寄ってください」と依頼した避難所もありました。

町の規模にもよりますが、被災地では全員が被災者なので、行政がすべて何とかしてくれるというのは無理であり、過度に期待しすぎないほうがよいでしょう。震災時の食は、自治体による公助ではなく、家庭単位での自助が基本です。ただし、動けない高齢者や負傷した人、乳幼児など、災害弱者になる可能性のある方には、公助がもちろん最優先で必要です。

日本人はお上に頼る傾向が少なからずあるので、何とかしてくれるのではないかという期待を抱く方が少なくないでしょうが、もっとも困っている人を先に助けるのが行政の仕事ですから、食はできるだけ自分で確保する、という姿勢を持っていたいものです。

災害時の食は自助が基本。公助は災害弱者が優先されるべき。

Column

何はなくとも水のストックを！

人の体は、成人で体重の50〜60%が水でできており、極度の発汗などで水分が大量に失われると脱水症状が起こり、体重の10%が失われると筋肉のけいれんや意識の混乱を起こし、20%以上では生命の危機にさらされます。食べものがあまり口にできなくても、水だけは補給するようにしましょう。

水のストックは、飲料水＋調理に使う分と考え、1日1人当たり3リットルを目安にし、3日分×家族の人数分を用意します。4人家族なら3×3×4＝36リットルで、2リットル入りのペットボトル18本分になります。場所は取りますが、できれば、1週間分くらい確保しておきたいものです。

ふだんもこの水を使うようにし、2〜3本空になったところで買い足していけば、2年の賞味期限が切れることはないでしょう。

トイレ対策はとても重要

食べものや水を体に入れることと同じくらい大切なのが、排せつすること。トイレに行く回数を減らすために、水を控える人がいますが、それは危険です。脱水症状のほかに、便秘にもなりやすくなります。便秘になると食欲もわかないし、食べないとますます便秘になる、というように悪循環に陥ってしまいます。食べることと排せつはつながっているのです。

トイレの流す水用に、浴槽に常に水を溜めておくことはもちろん、便器にはめ込むタイプの吸水シートや、排泄物を固めて燃やすタイプの非常時トイレグッズを用意しておくと安心です。また、衛生面を考えて、とくに女性は、滅菌タイプの洗浄綿なども買い置きしておきましょう。

2

章

脳を満足させる食事で、非常時を乗り切る

同じものを食べ続けていると飽きる

ニュースなどで報じられたように、震災当初、避難所ではおにぎりやパンが配られ、とても喜ばれました。しかし、それが何日も続くとありがたみが薄れてきて、不満の声が少なからず聞こえてきたのも事実です。人はどうしても、同じ食べものを何日も食べ続けると、どんなにおいしいものでも飽きてしまう生き物です。

人の体は、空腹のときはまずエネルギー源を欲します。炭水化物の主食系であるおにぎりやパンは、体を動かすエネルギーを供給しやすいということもあり、最初にそれを配るのは正しいことではありますが、ずっとそれでいいのかというと、違うでしょう。毎回同じ食事では栄養が偏りますし、飽きることで心が満たされなかったり、がんばる気持ちがわきにくくなるからです。ボランティアの人たちによる炊き出しがあった避難所では、温かい汁ものなどが出ると、寒い時期だっただけに、ほっとする大変ありがたい食事であったことと思います。しかし、最初はうれしくても、同じメニューが続くとやはり、飽きたと感じてしまったことでしょう。それに、ふだんとは異なる大勢の人が密集している中で食べる食事は、家でリラックスして食べる食事とはやはり違ったものになるでしょう。落ち着いた環境で食べたいという、心理面での欲求も大きいものです。

現代人は、食に対してわがままになっている側面があるのかもしれません。舌も肥えているので、おいしくないものでは満足できないし、おいしいものでも三日も続くと飽きてきます。贅沢な暮らしをしているつもりはなくても、現代の食環境の発展によって、ある程度の変化に富んだおいしい食事をするのが、当たり前になっています。

人はなぜ、同じ食べものを食べ続けていると飽きるのでしょう。いくら大好物でも、毎日食べていると、変わったものを食べたくなります。これを栄養学的に見ると、同じものをずっと食べていると栄養バランスが偏ってしまう可能性があるので、それを避けるために人は飽きるようになっている、という考え方があります。

しかし、心理学的には、栄養学的なことは関係なく、人はもともと飽きる生き物であるため、と考えられています。常に新しいものを求めたがるのが人間であり、そういった斬新性を持っているため、科学技術が発達したり、新しい文化が生まれる、と考えれば、飽きることは有用な働きだとも言えます。

人の脳には、新しいものを探そうとする働きが遺伝子の段階で組み込まれており、それが飽きるということにつながっているのかもしれません。やはり、自分で食料を確保するしかありません。そしてさらに、震災発生からの時間変化にかかわらず、栄養バランスの取れた食事の確保やバリエーションは考えておくべきかと思います。

3・11後、とくにお年寄りや健康状態がすぐれない人の中に、健康被害が見られた地域もあったそうです。被害のレベルによって状況はまちまちなので一概には言えませんが、避難所によっては、栄養がまったく足りていないところもあれば、油分の多い弁当のためか、カロリー過多の食事になってしまったところもあったと聞きます。

災害時には、栄養指導まではなかなか行き届かないものです。そう考えると、家族にお年寄りや持病を抱えた方、乳幼児、食物アレルギーを持っている方などがいらっしゃる場合は、よりいっそう、各自で栄養バランスを考えた食の備えをしておく必要性が高くなります。

毎日同じ食事では飽きてしまい、心が満たされない。
栄養バランスの取れた食事の確保は、自分で考えておく。

食べ慣れたもの、温かいものは、ほっとする

同じものを食べ続けると飽きる一方で、人は、「ふだん食べているものを食べたい、食べ慣れないものは食べたくない」という心理もあります。単一的な味はどうしても飽きるので変化も必要ですが、一方で、食べ慣れたもので安心したい、という二つの面があるのです。

炊き出しで豚汁などが用意され、温かいものを食べることができて、「ほっとした」という話をたくさんの人から聞きました。3・11の頃は寒い時期だったので、単純に温かい食べもので体が温まり、緊張感がゆるんで身も心もリラックスしたのだと思います。それに、温かくして食べるものはやはり、冷たくないほうがおいしいのです。カセットコンロがなくて、インスタントラーメンを冷たい水に浸して食べたという学生がいましたが、それはかなりまずかったそうです。

さらに、なじみの味であることもリラックスする一つの要因になるでしょう。人によって欲しい食べものは違うかもしれませんが、ふだん食べている食事がほっとするのだと思

います。とくにご年配の方は、口にしたことのない料理は苦手な方が多いのではないでしょうか。食が進まず、おなかを満たすことができないと、元気も出てきません。

ですから、備蓄を考えるときには、家ではふだん、どんなものを食べているのかを考えることも大事なポイントになってきます。

ほっとする食べものでエネルギーが補充され、しかもそれが、おいしさを感じさせてくれるものであれば、心を満足させることができます。食べものには、そういった働きがあるので、とくに災害時は、「おいしく食べる」ということがキーポイントになります。

なじみの味であることが、リラックスできる要因。
備蓄のポイントは、ふだん食べているものは何かを考えること。

満足感があれば、生きる気力がわいてくる

食で大事なのは、満足感です。食べもの自体にもおいしさはありますが、おいしさというものは、食べる人の頭で感じるところが大きいので、その人にとってのおいしさとは何かを考えることがとても大切です。

一人でも自宅で食べるとおいしかったり、被災時でも家族そろって食事ができれば、おいしく感じたり。どういう状況で誰と食べるかが、おいしさに大きく作用します。

「おいしいね」と言ったときに、「うん。おいしいね」と返してくれる人、つまり、おいしさを共有できる人がいれば、食事の雰囲気はぐっと楽しくなるでしょう。

おいしく食べることの効用は、しっかりと栄養を摂取することだけではなく、さらにおいしければ精神的に満たされることができる、という点にあります。

しっかり食べていれば、より精神的な安定が得られ、生きる気力がわいてきます。食べものを摂取すると血糖値が上がり、体は活動態勢に入りますが、同時に、脳から満足を感じるホルモンが出てきます。

逆に、食べないとどんどんやる気がなくなり、痩せていってしまいます。体力がなくなって、活動する気が起きなくなる人もいるでしょう。

食事をきちんととれている人は、肉体的にはきつい状況でも、ある程度うまく現状維持ができる可能性が高まると思います。被災時には、精神的なストレスを低く抑えることがとても大事で、それには、きちんと食べることが必要不可欠でしょう。

そして、状況が落ち着いてからも、食べることが生きる気力の源になります。震災直後は、一種の危機反応とでも言うのでしょうか、一時的な躁《そう》状態になって、割合どんな人でもある程度乗り切れてしまいます。しかし、危機を乗り越えたあとしばらく時間が経ち、数か月後や数年後にどっと疲れが出て、うつ状態に陥った人を何人か見ました。危機に直面すると、「やらねば！」という使命感に燃え、救助を手伝ったり、一生懸命にボランティアなどをするけれど、そのあと燃え尽きてしまう、というような人が、無きにしも非《あら》ず、なのです。

生活リズムが乱れると、食生活にも影響を及ぼし、しっかり食べることができなくなってしまいます。反対に食生活が乱れると、ふだんの生活にも影響を及ぼすことでしょう。頑張ったり、他人を助けることはもちろん人として尊敬できる行為ですが、まずは自分の健康や栄養を最優先に考えなければいけないということです。

自分自身が、そういった落ち込みつつある状況にあるなと感じたら、そういうときこそしっかりとおいしいごはんを食べることを心がけたいものです。そして、よりバランスの取れた食事をしましょう。

被災時には、精神的なストレスを低く抑えることが大事。
食べることが生きる気力の源になる。

おいしい記憶を溜めるトレーニングを

食にこだわり、絶品を求めてどこまでも食べに行ったり、通販で情報を見て、高級食材を取り寄せたりする人がいる一方、まったく食に興味がなく、口にできれば何でもいい、というような、こだわらない人もいます。テレビやインターネットで流れる情報が多すぎて、選ぶのが面倒くさくなってしまう人もいるかもしれません。

しかし、震災時には、交通手段がなくて食べに行くこともできなければ、物流が途絶えるために、手に入れることも叶いません。〝買う〟というツールではない、別のツールを自分で持っていないと、食事にありつけないことは明らかです。

とりあえずの栄養補給ができたら、次はおいしいものを食べたいものです。ふだんは食に興味のない人でも、おいしくないものより、おいしいもののほうがやはり、生理的な満足感は大きいのではないでしょうか。脳を満足させてほっとしたり、元気を出したり、明日への活力を得る。そのためには冷たいおにぎりだけでは駄目で、温かい食べものを食べるための熱源の備えが重要です。食材に火を通す熱源があるかないかで、料理の幅もおいしさも大きく違ってきます。

もちろん、火を通さなくても食べられるものはたくさんありますが、試しに火を通してみると、ぐっとおいしくなったり、味が変わったりします。缶詰一つとっても、そのままでも食べられるけど、煮込んでみたら量が食べられた、ほかの具材と溶け合って、味が豊かになったなど、思わぬ発見があるものです。

つまり、「こうすればおいしくなった」という舌の経験をできるだけ多くしておけば、備蓄食品だけを使うことになっても、調理のアイデアが生まれやすいのではないでしょうか。非常時においしいアイデアを出すには、日常の食事の中で、いろいろ試してみることがいちばんの近道になります。

私自身は、二〇個以上の缶詰を常備しており、それらを野菜や海藻、パスタなどと組み合わせて、どうしたらおいしくなるのか、日々試しています。そんな中で、口に合うレシピを発見すると大変うれしく、試作が楽しくなります。缶詰なら種類も多く、値段も安いので、さまざまなチャレンジができます。乾物も比較的リーズナブルなので、缶詰や冷蔵庫にある食材と組み合わせて、試作してみるのもいいかもしれません。

調理にかける時間も、ササッと作れるものにすれば、料理の段取り力も上がります。試行錯誤を楽しみながら料理することが大切でしょう。思いついたアイデアを形にしてみることです。そんな中で、「こうしたらおいしかった」という味の記憶が頭に残り、それをなるべく多く蓄積できていれば、いざというとき、備蓄食品だけでも食事が作れる応用力につながります。

わが家の場合は、買い置きの缶詰や乾物に何かを足して調理し、日常食として食べています。料理があまり得意でない人でも、缶詰を利用すると、味がある程度ついているため下ごしらえの手間が少ない分、割合簡単に栄養バランスが取れたおいしい料理が作れるものです。そういったトレーニングをふだんからしておくことが、災害時を乗り切る最大の秘訣とも言えるでしょう。

つまりは、災害時も日常の延長だととらえる視点を持つことが、何よりの備えになる、ということです。

舌の経験を多くしておけば、調理のアイデアが生まれやすい。
缶詰なら種類が多く、割合安価なので、おいしい料理の試作に利用しやすい。

3
章

何を
どう備えれば
よいのか

市販の非常食（防災食）をチェックしておく

前章では、日常的に缶詰や乾物などの常備食品で、おいしい料理を作るトレーニングをしておくことが大事だという話をしました。ことさら多量の「非常食」を備蓄しておかなくても、ふだんから家に保存食として常備している食品が、そのまま災害時にも役立つからです。

しかし、震災直後はライフラインが途切れることを考えれば、多少は、缶詰、乾物のほかに、いわゆる非常食として市販されているものを用意しておいたほうがいいかもしれません。

非常食というのは、常温で長期保存ができる食品で、災害時に食べることを想定して作られており、熱や水を使わないか、使うにしても少量ですむようになっています。デパートやスーパーの防災食コーナーにも置いてありますし、インターネットの通販店でもさまざまな非常食が紹介されています。

非常食にはどんなものがあるか見てみると、主食になるごはんは、真空パックやレトルトト、アルファ(化)米が多く、そのままでも食べられるおかゆもあります。アルファ米は、お湯か水を注げば、ごはん状になるものです。

パンは、乾パンに代わって、最近は缶詰パンが人気のようです。乾パンは固いのが難点でしたが、缶詰パンだと焼き立てのふわふわした食感が楽しめます。

缶詰は長期的な保存がしやすいので、非常食にはもってこいでしょう。缶ラーメン、缶クラッカー、缶キャラメル、缶みそ汁というのもあります。クラッカーやビスケットは子どもも食べやすいし、キャラメルは甘いものが欲しくなったときに助かります。

レトルト食品はさらに充実していて、温めなくてもいいおかゆやカレーは熱源を節約したいときに重宝です。発熱剤がセットされているレトルト食品もあって、水に発熱剤とレトルトを入れればアツアツのものが食べられます。やはり、温かくして食べるものは温かくして食べたいもの。いい匂いの湯気が立ったりすると、自ずと食欲がわいてきます。

レトルトのハンバーグやスープなどもあって、味もいいのですが、割高なのも確かにあります。いろいろ試してみて、「これは」と思うものに絞って備えるのがいいと思います

野菜も、生鮮食品が入ってこない場合を想定して、加えておきたいものでしょう。乾物や缶詰のほかに、フリーズドライになったものがあります。フリーズドライは、凍結させ

た食品を真空状態で水分を抜き、乾燥させたもの。お湯で戻して料理に加えたり、そのままトッピングなどに使えます。

みそ汁やスープ、デザート、離乳食などのフリーズドライもあり、非常食としてとても便利です。赤ちゃんや小さなお子さん、お年寄りのいる家庭では、必要に応じて備えておいたらいいかがでしょうか。

市販の非常食は価格が高いものありますが、備えておくことで心理的に安心する代金も含まれていると考えたほうがいいかもしれません。

ライフラインが途切れた場合を考え、多少は市販の非常食を用意しておく。非常食は、いろいろと試したうえで、有用なものに絞って備える。

缶詰、乾物は「備える食」の代表格

非常食用に作られたものでなく、ふだん家庭で常備している食品でも、十分に備蓄用の食品になります。前章でも繰り返し話してきた缶詰や乾物は、長期保存が可能ですから、まさに「備える食」に適しています。

とくに缶詰はそのままでも食べられますし、熱を加えたり、ほかの食材と組み合わせれば、満足感の高いおかずになります。缶切りなしで開けられるプルトップタイプなら子どもでも簡単に扱えますから、日頃から、缶詰を開けて簡単な料理を作る練習をさせておくといいのではないでしょうか。

最近は、缶詰の種類も豊富になりました。コーンや豆類、じゃがいもやにんじんなどの野菜を加えたものや、油を使わないあっさりしたスープ煮などがあり、料理によって使い分けができるようになりました。

さば缶やさんま缶も水煮だけでなく、しょうゆ味やみそ煮など味付きのものがあって、調理するうえで重宝します。また、温めるだけでいいスープ缶や、パスタ用のソース缶なども、備えておきたい缶詰です。

もちろん、野菜や豆類の水煮缶、素材缶（水分を抜いたドライタイプ）は、ビタミンやミネラル、植物性タンパク質、食物繊維の補給に重要です。また、味にバラエティーをつけるという点でも、必要なものです。ただし、缶詰ばかりを続けて食べていると、塩分過多になる場合があります。缶詰食が続くようなら、スープ（缶汁）は残すなどの工夫をしたほうがいいでしょう。

乾物は、食材を乾燥させて水分を抜き、保存性を高める、という昔からある保存食です。種類も広範囲にわたっており、乾めん、干し野菜、海藻、のり、ごま、ドライフルーツ、ナッツ類と、主食になるものからおやつまで、ふだんの食事にも生かせるものばかり。煮干しや干しえび、干ししいたけ、昆布、かつお節など、だしの材料も乾物です。

ただ、のりやごま、ドライフルーツなどそのまま食べるもの以外は、ゆでたり、水で戻したりのひと手間がかかります。ゆでる場合は、短時間でゆでる、ゆで汁を利用するなどの工夫をするといいでしょう。

3・11のとき、私は主食にパスタを食べることが多かったのですが、ゆでるときに野菜も一緒に入れて、スープパスタにしていました。乾めんでも、ソーメンやうどんは塩分が多く、ゆで汁はしょっぱくなりますが、パスタは塩を加えなければ、ゆで汁もそのまま温かいスープとしていただくことができます。

缶詰や乾物をふだんから使い慣れておき、それぞれの特徴を知っておく。野菜や豆類の缶詰を上手に取り入れれば、不足しがちな栄養が補給できる。めん類はパスタが便利。塩分が少ないので、ゆで汁をスープにできる。

乾物の実力を見直す

多くの方が、震災後見直したのは、乾物の存在でしょう。とくに、ひじきや切り干し大根は、いろいろな料理に応用することができ、食物繊維がたくさん含まれているので、災害時下のストレスで起こりやすい便秘の改善にもつながります。

ひじきは水で戻せば、あえものや炒めものにも使えます。切り干し大根は、水分のある調味料、例えば、酢としょうゆを加えれば、水なしでふやけますし、加熱しなくても食べられます。ツナ缶や手元にある野菜とあえてもいいし、ピリ辛味にしてもおいしいと思います。ただし、歯の悪い方や胃腸の弱い方は、水で戻して調理したほうがよいでしょう。

また、高野《こうや》（凍《こお》り）豆腐や麩《ふ》も使い勝手のよい乾物です。高野豆腐は大豆製品ですから、タンパク質が豊富です。麩は、グルテンという小麦のタンパク質で作られています。どちらも、生鮮食料品が手に入らないときに、煮ものや汁ものに取り入れたい食材です。

そのとき、干ししいたけや昆布、煮干しを加えると、だし味の効いたおいしい煮ものや汁ものができます。顆粒だしの素でもいいのですが、こういった乾物なら、旨《うま》みもあって素材の持つ栄養も摂れるので、一石二鳥です。昔からある食材には数多くの長所が潜んでいます。

それから、粉状のものも水分の含有量が少ないので、ある程度の保存が可能です。小麦粉や片栗粉は、どの家庭にも必ずあると思いますが、火が使えれば、ある材料を混ぜてお焼きにしたり、水でこねて汁に入れたりもできます。すいとん粉やだんご粉、ホットケーキミックスなども役立ちそうです。

昔からある切り干し大根やひじきは、食物繊維が多く、便秘の改善にもなる。生鮮食品が手に入らないとき、高野豆腐や麩はタンパク質を摂るのに重宝する。干ししいたけや昆布、煮干しを使うと、旨みも出るし、栄養も摂れる。

野菜は買い置きできるものを常備して

保存がきくものと言えば、生の野菜の中でもじゃがいもなどの根菜類や玉ねぎは、缶詰や乾物ほどではないものの、比較的長く保存できます。じゃがいもと玉ねぎはふだんの食事作りにも活躍しますから、多めに買い置きし、常備しておきたいもの。涼しい季節であれば、にんじんも常温で保存できます。かぼちゃは、切らずに丸ごと置いておけば、かなり日持ちします。

暑い季節は無理ですが、冬なら白菜や長ねぎなどを、新聞紙にくるんで外に置いておくと、ある程度日持ちします。白菜は切らずに外葉からはいで使っていき、長ねぎは泥付きのまま保存します。大根や里いも、さつまいもなども、涼しい季節に外で保存するときは、新聞紙にくるむ方法がベターです。

缶詰やフリーズドライの野菜に比べて、生の野菜は食感がよく、何より野菜を食べたという満足感があります。料理の幅もぐんと広がるので、ほかにもその季節に買い置きできる野菜があれば、そろえておきたいものです。

どうしても野菜が摂れないときは、缶の野菜ジュースという手もあります。そのまま飲めるし、トマトジュースなどは煮込み料理にも使えます。ただし、加塩か無塩かなどを確かめてください。果物の缶ジュースも、ビタミンなどの補給には適しています。

果物はドライフルーツで摂る方法もおすすめです。ストレスが蓄積すると甘いものが欲しくなるときもありますから、そういうときに、甘味が凝縮したドライフルーツが役立ちます。レーズンやマンゴー、プルーン、杏など、いろいろな種類があり、ミネラル分も豊富です。繊維質も豊富に含まれるので、切り干し大根などと同じように、腸の働きを助けてくれます。

保存のきく野菜を季節に応じて、ある程度常備しておく。果物は、缶ジュースやドライフルーツで摂るのもいい。

震災時も、栄養バランスを考えたい

「備える食」を種類別に見てきましたが、これを、栄養面を考慮して実際のメニューにしていくには、どうすればいいのでしょう。

前章で、人は「ふだん食べ慣れているものを食べて、ほっとしたい」という心理があることを話しました。つまり、震災のストレスから救ってくれるのは、ふだんの食事になるべく近いものでしょう。

3・11のとき、東京では軒並み電車が止まって帰宅困難者が続出し、何時間でも歩いて帰った人も多かったそうです。自宅がどうなっているか心配だということもあったのでしょうが、とりあえず家に帰ることで安心したい、という気持ちもあったと思います。食事に関しても同じことが言えるのではないでしょうか。非常時には、いつもの食事をして心の安定を保ちたい、日常を取り戻したいという心理が働くのです。

いつもの食事に近いものと言っても、もちろん被害の状況によって、また、水や熱源がどれだけ確保されているかによっても、作れる食事に差が出てきます。しかし、基本的には日常の食事を作るときと同じように、震災時であっても、可能な限り栄養バランスを考えたほうがもちろんいいでしょう。

栄養バランスの取れた食事は、心身の健康を保つために必要なものです。栄養が十分であれば元気に活動することができ、そのことがまた、ポジティブな思考へと向かわせてくれます。

非常時には、いつもの食事に近いもので日常を取り戻したいという心理が働く。栄養バランスが取れていれば、メンタルの健康も保てる。

「食事バランスガイド」に沿って備蓄食を考える

栄養については、ここでは、厚生労働省と農林水産省が作成した「食事バランスガイド」に沿って見ていきましょう。これらの栄養を備蓄食で摂る場合を想定して考えていけば、どんな食品を、どのくらい備えておけばいいのか、把握できると思います。

まず、主食となる炭水化物は、生命活動をするのに不可欠なものです。お腹を満たすエネルギー源の食事として、避難所などでおにぎりやパンが配られるのも、そういった理由の一つです。

備蓄食としては、アルファ米、もち粉（水を加えてもむだけでもちになる）、スパゲッティやそうめん、うどん、そばなどの乾めん、パンの缶詰、ビスケット、シリアルなど。レトルトパックのご飯やおかゆ、カップ麺などもあります。

おかずは、主菜と副菜に分けて考えます。主菜はタンパク源となる魚介、肉、大豆製品など。物流が止まっているときには、新鮮な魚や肉は手に入りにくいので、缶詰を利用するのがいいでしょう。魚介類の缶詰は、水煮缶をはじめ、味付きやオイル漬けなどさまざまな種類のものが出回っています。肉類もコンビーフやスパムのほかに、牛肉の大和煮、焼き鳥など、そのまま食べられる便利な缶詰がいろいろあります。

大豆などの豆類の水煮缶も植物性タンパク源になります。高野豆腐や麩からもタンパク質が摂れ、大豆と同様に肉の代用品として重宝します。レトルトのカレーやミートソースは、主菜というよりご飯やパスタにかけるソースなので、この場合は副菜を充実させるといいでしょう。

副菜は、ビタミン、ミネラル、食物繊維が摂れる野菜やいも類、きのこ、海藻類などです。震災時には、野菜を摂ることが難しいのですが、前にも述べたように、保存のきく根菜類、野菜の水煮缶や素材缶、野菜ジュースなどを備えましょう。ミネラルや食物繊維を摂るには、乾物が大活躍します。昆布を使うと旨みが出るだけでなく、小さく刻めば昆布ごと食べられ、とろろ昆布はお湯に加えるだけでスープ代わりになります。

さらに加えたいのが、牛乳・乳製品と果物です。牛乳や乳製品はカルシウムの貴重な供給源になると同時に、良質なタンパク質や脂質も含まれます。成長期にある子どもにとって牛乳・乳製品は不可欠な食品ですが、いかんせん、生鮮食料品が入ってこない間は他のものでうまく補うしかありません。スキムミルクや粉チーズなど、保存のきくもので代用してみたらどうでしょう。カルシウムの補給には、煮干しなどの小魚を粉砕してふりかけにするなどの方法もあります。

果物は、ビタミン類やカリウムを多く含み、体の調子を整えます。先ほども触れたように、ドライフルーツや野菜ジュースで補いましょう。

この「食事バランスガイド」は、全体がコマの形で表されており、中心の軸には、お茶と水が描かれています。水分は、人にとって食事よりもむしろ優先順位が高いものです。体の中で水は、生命維持にとても重要な役割を果たしているため、脱水症状にならないように、くれぐれも十分な水分補給を心がけたいものです。

また、コマを動かすヒモの

備蓄食の例

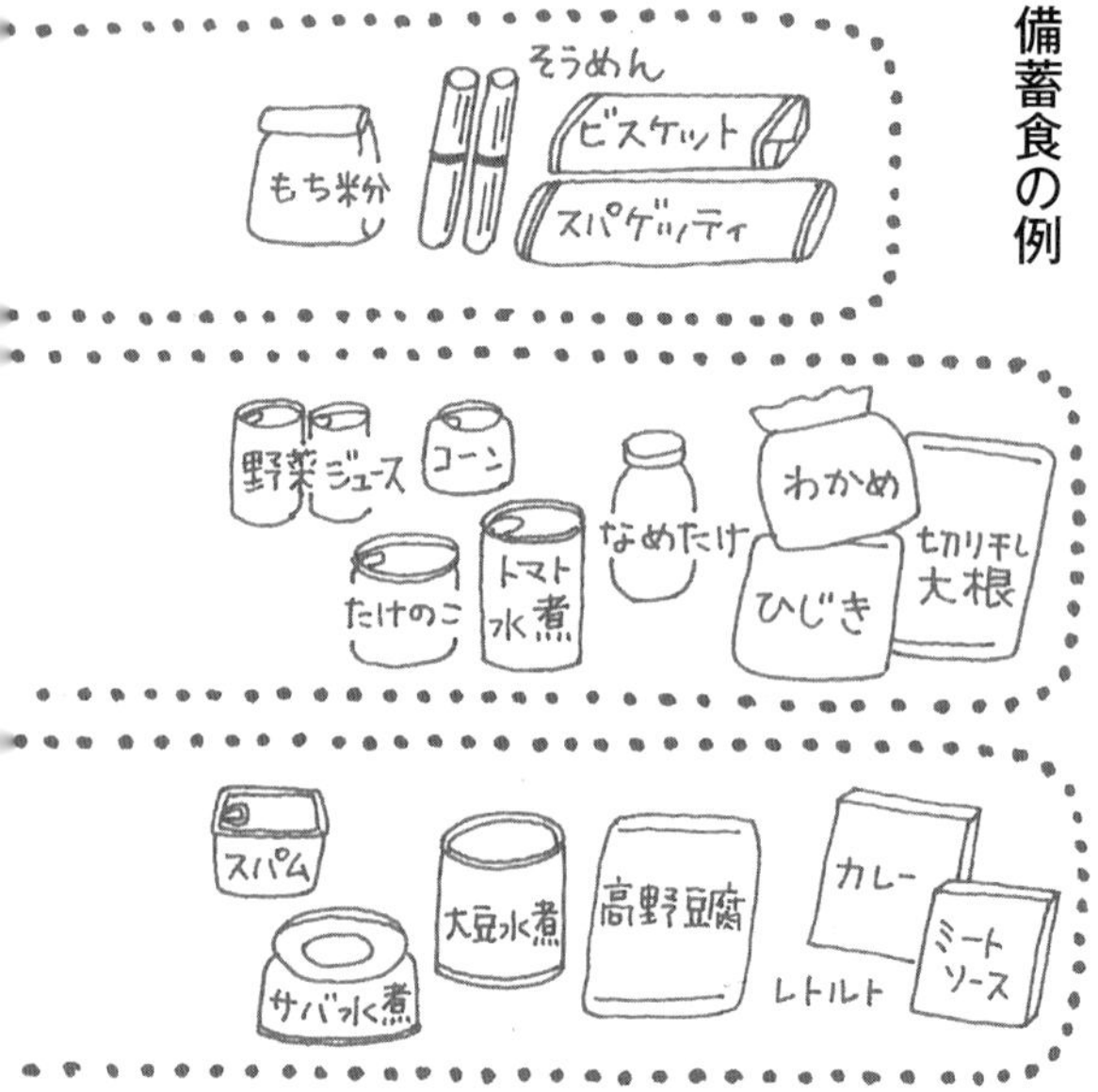

食事バランスガイド

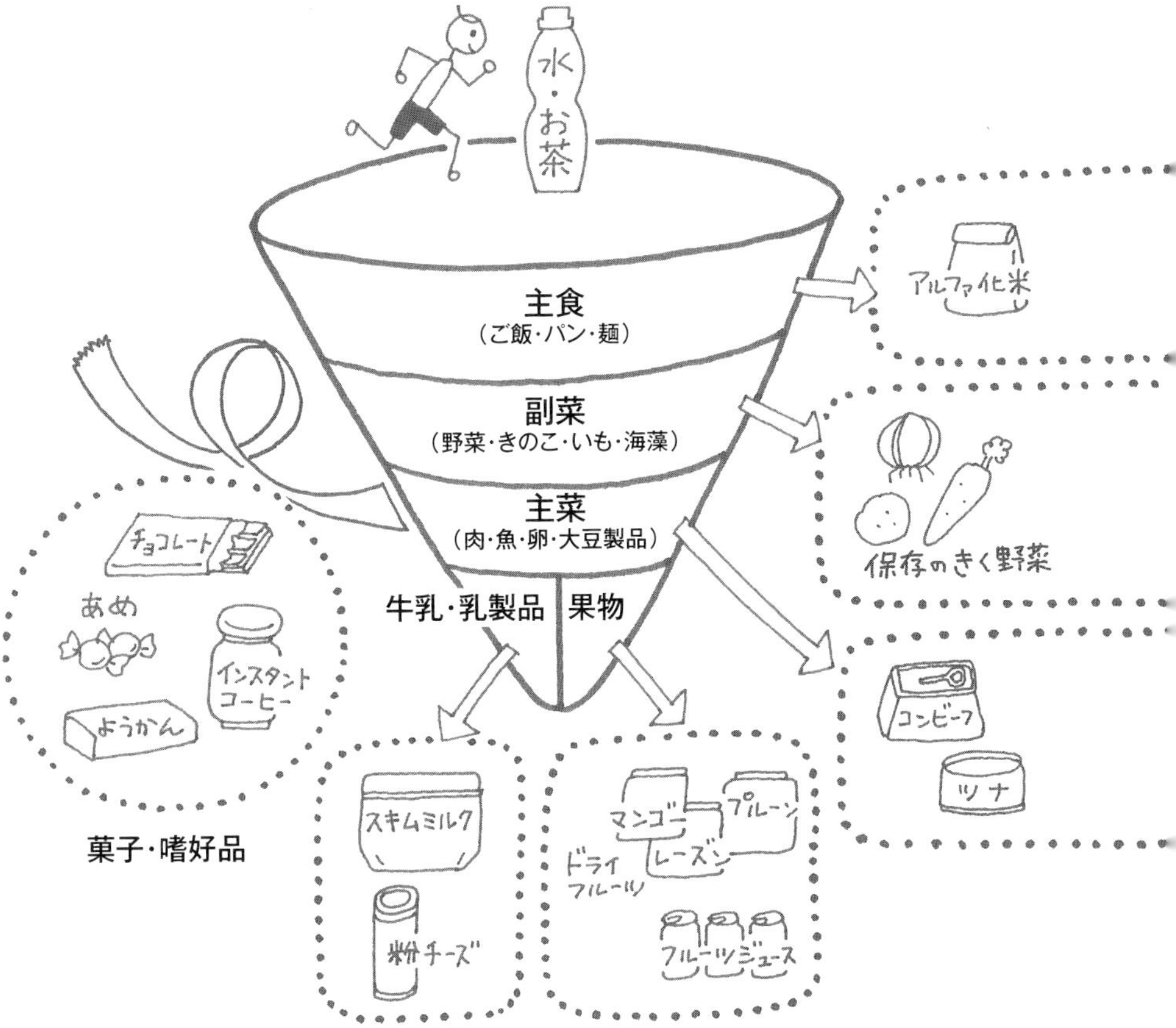

部分に当たるのが、菓子と嗜《し》好《こう》品です。甘いものを口に入れてほっとしたり、糖分を補給して脳の働きを活性化するのに必要です。山で遭難した人が、チョコレートをかじってしのいだという話を聞いたことがないでしょうか。同じように、一時的に避難するときも、あめ玉をポケットに入れておけば空腹感がまぎれます。砂糖は、炭水化物のごはんやパンと比べて、効率よくエネルギー源になるのです。

お湯が沸かせるようになれ

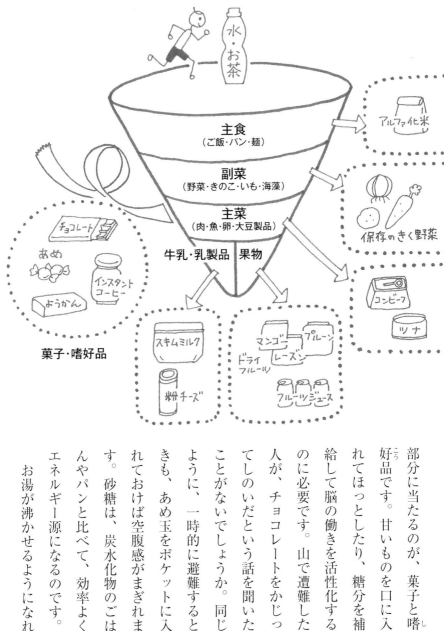

ば、お茶や紅茶、コーヒーなど、温かい飲みものも欲しくなります。これらはふだん使っているものでも十分ですが、茶葉類はティーバッグを少し用意しておくと便利です。

このように、系統立てて食事の組み立て方を考えておくと、どんな食品を備蓄しておけばいいか理解しやすくなります。

そして、家族の人数や年齢、嗜好に合わせて、量を考えていきます。試しに、備蓄食だけで一週間分くらいの献立を立ててみるのもいいかもしれません。

栄養バランスガイドに沿って、主食、主菜、副菜、牛乳・乳製品、果物などが、どんな備蓄食で摂ることができるか、考えてみる。
水分補給と糖分補給も大切。

備蓄食は「トコロテン保存」で新陳代謝をはかる

こうした備蓄食だけで夕食のメニューを考えてみる日を作るとか、ときどきは副菜の一品は缶詰や乾物を利用する、というようにすれば、災害時の食を乗り切るトレーニングになります。その過程で、水を少量しか使わなかったり、火を通さずにすんだりなど、新たに発見できる調理法もあるでしょう。

備蓄食はただストックしておけばいいというものではありません。ふだんから使いこなしてこそ、いざというときに、おいしいアイデアが生まれるのです。そして、いくら保存期間が長いからといっても永遠に保存できるものではなく、二〜五年程度で賞味期限が切れてしまうものが多いのです。備蓄食を日常的に使っていき、定期的にチェックして、少なくなった食品は補充するようにすれば、備蓄食の〝新陳代謝〟がはかれます。

例えば、引き出しに食品を保存しているとすれば、新しく買ったものを奥に入れて、手前に押し出されたものから食べていくのです。そうすれば、使い忘れて賞味期限が切れるようなことはありません。これを私は「トコロテン保存」と呼んでいますが、回転食、ローリングストックとも言い表されています。コツは、各食品がやや余分にある状態をキープすることです。ストックしていた食品がすぐになくなるようだったら、数量が足りないということで、逆に賞味期限内に食べきれないようだったら、数を減らしてもいいのです。

そうやって、ふだんから備蓄食を使った料理をしていると、家族の好むもの、口に合わないものがわかってきます。嫌いなものを無理にストックする必要はありません。震災のため緊張を強いられている状況では、苦手なものを無理に食べて新たなストレスを感じるよりも、好きなものを食べてリラックスすることのほうがより大切でしょう。

このトコロテン保存の考え方は、ペットボトルの水を用意するときにも応用できます。水は必需品ですから、たとえ場所ふさぎになっても、家族が必要とする分を買い置きしておくべきです。そして、水もふだんの生活に使い、使った分を補充するようにすれば、賞味期限が切れることはありません。

「トコロテン保存」は、常に一定量をストックしておくために、長く保存しているものから使う方式。やっているうちに、ストックの適量がわかってくる。

家族の一人ひとりに合わせた食品を用意

気をつけたいのは、家族の中に乳児や病気の人、お年寄りなど、いわゆる災害弱者となる可能性のある方がいる場合です。乳児には粉ミルクが必要でしょうし、アレルギーを持っている人は、それに対応する食品、腎臓の悪い人は塩分の少ないもの、飲み込む力の弱いお年寄りには、刻み食や流動食などを用意する必要があります。

つまり、なるべく日常に近い食をキープするために、家族の一人ひとりに合わせた食品をストックすることが大切です。それには、日常的な食生活を大事にし、自分でおいしいものを創り出す能力を磨いておくことです。

おいしいものを作って食べることは、楽しいこと。それが震災食のように、いろいろな制約の中で作るものなら、なおさら、工夫の甲斐があるというものです。

もちろん、震災はできれば来ないほうがいいのですが、長いスパンで考えれば必ず来るものとして、〝冷静に怖がる〟ことがとても大切です。コンビニエンスストアなどで手軽に手に入る「出来合いの食」ばかりに頼っていると、それが失われたときのショックは大きく、パニックに陥ってしまいます。

そのときのダメージを最小限に抑えるのが食の役割です。食を備えることは、命を守り、命をつないでいくことだと、肝に命じておきましょう。

災害弱者になりそうな家族に対しては、それぞれに必要な食品をストックしておく。
食を備えることは、命をつないでいくこと。

料理編

今泉マユ子

安全確保の次は、何をどう食べるか。冷蔵庫内の食材チェックと始末法を考えましょう

大きな地震が起きた場合、被害の程度にもよりますが、家族全員が無事で、そのまま家で過ごせる状況であれば、食事のことを考えなくてはなりません。まず最初に、電気が使えるかどうかを確認しましょう。停電していればその間、冷蔵庫は作動せず、時間の経過とともに中の食材は傷んできます。とりあえず、冷蔵庫の中にあるものを全部出して食べられるかどうかをチェックし、無駄にしない方法を考えましょう。

肉や魚などの生鮮食品は冷凍庫に移します。一日くらいは冷凍庫を冷蔵室として使うことができるからです。冷凍の肉や魚は保冷バッグに移して、ゆっくり解凍するようにします。同時に、あるもので何食分作れるか、献立を考えてみましょう。そのとき、傷みやすいものから使うようにします。生や解凍した肉や魚は、しょうゆと酒で味をつけ炒めておくと、涼しい季節なら二日くらいは持ちます。野菜はやわらかい葉ものから食べます。野

菜類をまとめて炒め、塩、こしょうで味をつけておくのも手です。室内に長時間放置した生の食品は、基本的には食べられないと思ってください。

しかし、状況によっては料理を作れないこともあると思います。その場合は、すぐに食べられる缶詰やレトルト食品などの防災食（非常食）で過ごすしかありません。三～四日経ち、状況が落ち着いてきたら、家に備蓄してある食品を使いながら、ライフラインの完全復活を待ちましょう。

本書の「料理編」では、備蓄食品だけで震災時を乗りきることを前提に、レシピを考えてみました。もちろんこれに、家にある生鮮食品や手に入る野菜などを加えれば、より充実したメニューになるでしょう。

食品の保存は数か所に分散させて

防災食や備蓄食は1か所にまとめておくと、周囲が壊れたり、埋もれたりした場合、取り出せなくなる。整理棚の中（できれば扉は引き戸がよい）、床下収納、引き出しなど、2～3か所に分けて保存。さらに、家族全員が「どこに何があるのか」を知っておくことが大事。

熱源と最小限の調理道具は必需品

ふだん料理をするときの熱源は、電気やガスに頼ることがほとんどだと思います。炊飯器、電子レンジ、オーブン、ホットプレート、湯沸かしポットといった電気製品はどの家庭にもあるでしょうし、最近はIHクッキングヒーターが普及してきたとはいえ、ガスコンロを使っている家庭のほうが、まだ多数派ではないでしょうか。震災時には、こうした熱源が供給されなくなる可能性が大いにあります。そのときに備えて、カセットコンロとカセットボンベは必ず用意しておきましょう。機種や環境によって燃焼時間が変わるので、家族の人数が多かったり、乳幼児のミルクを作る必要があるような場合は、ボンベの数は多めに。ライフラインの中では電気が比較的早く復旧するので、その場合は、ホットプレートや湯沸かしポット、IHテーブルコンロなどがあると、ガスコンロの代わりに使えます。

水道も、状況によっては復旧が遅れることがあります。飲み水や調理に使う水を優先させたいので、調理をする際には、なるべく調理道具や手を汚さないようにし、洗いものを極力減らしたいもの。ボウルの代わりに使うビニール袋、フライパンに敷くアルミホイルなど、左ページ下の写真にあるものは必需品です。

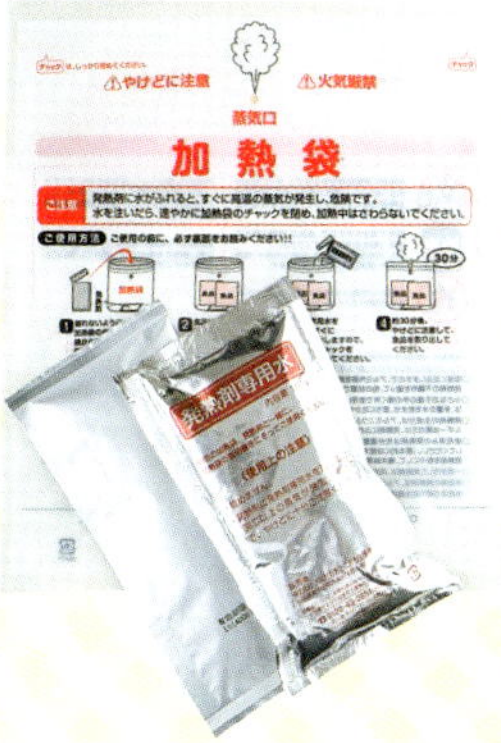

加熱袋セットも便利。専用の袋に添付の発熱剤と水、レトルト食品を入れると、湯が沸騰して食品が温まる。

カセットコンロとカセットボンベは調理に欠かせない。カセットボンベは１ダース（12本）は用意しておきたい。傷みやすい生鮮食品は蓄冷剤を入れたクーラーバッグへ。

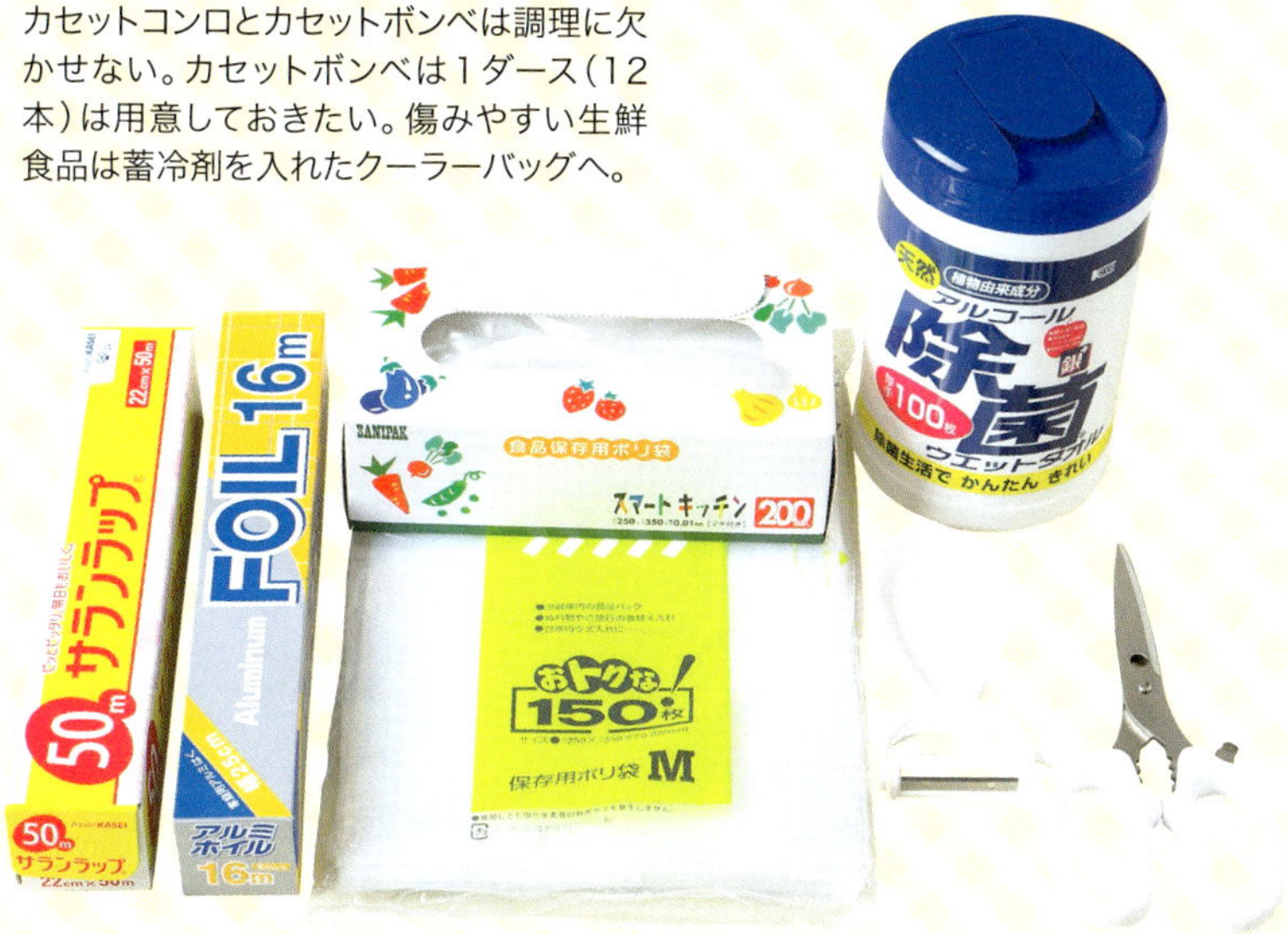

キッチンばさみ、ピーラー、ビニール袋を使い、包丁とまな板代わりに。皿にはラップを、フライパンにはアルミホイルを敷いて使う。手ふきにはウェットティッシュを用意。

備えておきたい食品

いろいろ試して好みの味をチョイス

缶詰のメリット

- 加熱殺菌した食品を密封したもので、衛生的。
- 常温で長期保存が可能。備蓄食品に最適。
- 下処理や味つけ済みなので、調理時間が短縮できる。
- そのままでも食べられ、他の食品と組み合わせたり、加熱したり、アレンジも自在。
- 基本的には食品添加物が入っていないので安心。

おなじみの味が出せてほっとする

“蒸らす”テクで少量の水でも調理できる

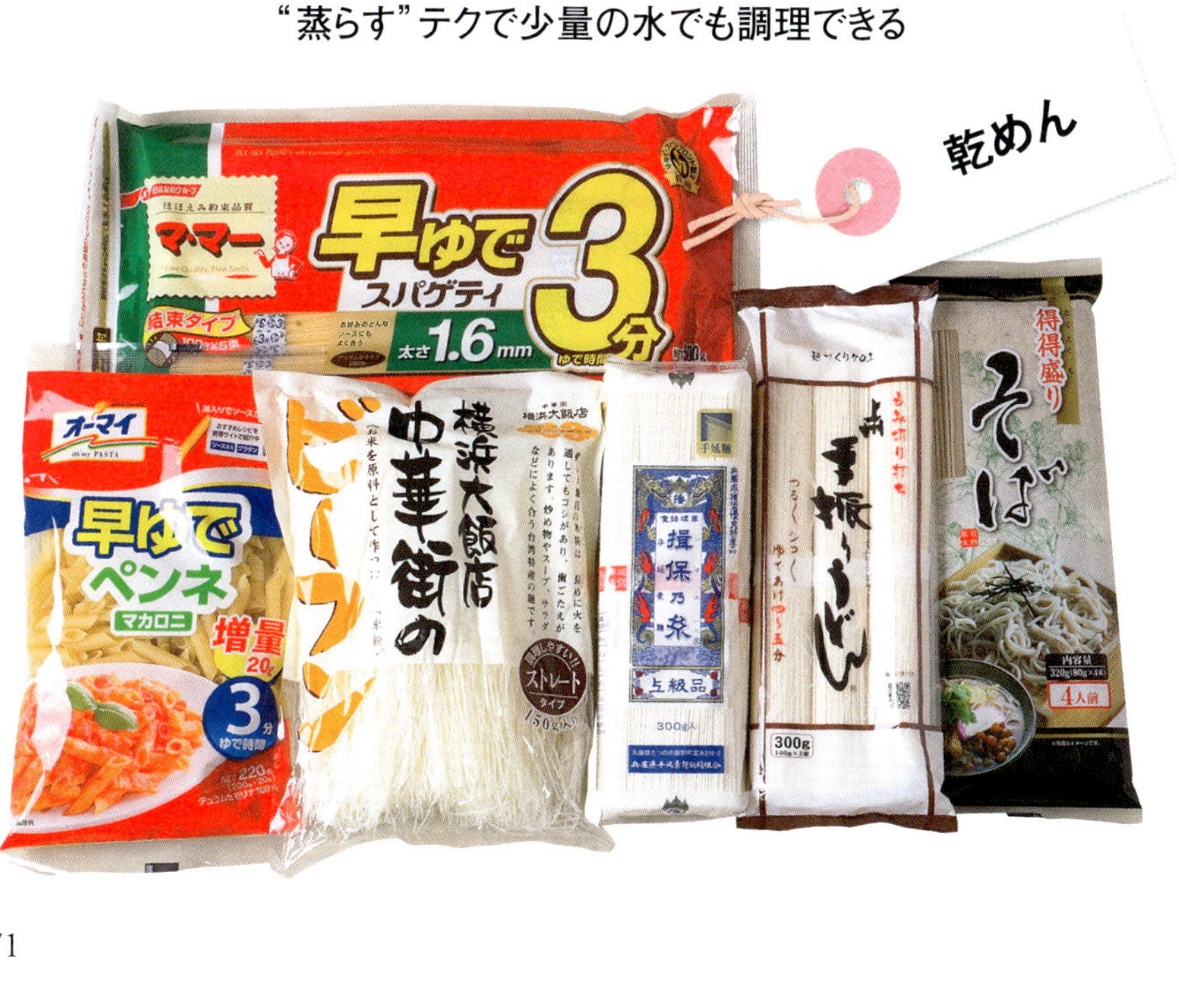

子どもの好きなおやつにも活躍

ビタミン類、食物繊維の補給に保存がきく

食事が作れる状況ではないときに必要

温めるだけの手軽さがうれしい

火を使わない

缶詰や乾物を上手に使い熱源をなるべく節約

被害の状況にもよりますが、電気が止まった場合、復旧までに一週間くらい、ガスはもっと遅く、一か月近くかかることもあります。カセットコンロがあったとしても数に限りがあるので、熱源はなるべく節約したいもの。そこで、缶詰や乾物を使い、火を使わないで食べられるレシピを考えてみました。とくに缶詰は調理済みなので、ほかの食材と合わせるだけで一品でき、重宝です。

これは料理編全体のメニューを通して言えることですが、水も、水道の復旧の遅れなどを考慮して、最小限で済ませる工夫をしました。ビニール袋やキッチンばさみを使うテクニックは水の節約につながるので、ぜひ参考にしてください。

災害時の調理テク——❶

はさみで切る（空中調理）

包丁とまな板の代わりに、キッチンばさみで材料を切りながら、そのまま鍋やフライパンへ。

災害時の調理テク——❷

ビニール袋を使う

ボウルを使わず、ビニール袋に材料と調味料を入れて手でもむと、下味がよくつく。

●本書の計量の単位は、1カップ＝200mℓ、大さじ1＝15mℓ、小さじ＝5mℓです。

コーンとわかめの和えもの

ビニール袋に材料を入れてもむだけ。調味液を吸ったわかめは、少し歯応えがあって、旨みが感じられます。やわらかく仕上げたい場合は、漬け込む時間を長くしてください。

● **材料**（2～4人分）

コーンホール缶（ドライタイプ）……1缶（160g）
カットわかめ……5g
ポン酢……大さじ1

● **作り方**

1 ビニール袋にカットわかめとポン酢を入れ、袋の口を片手で絞り、もう片手でもむ。

2 1に缶汁ごとコーンを入れて混ぜ、しばらくおいて味をなじませる。

＊ポン酢の代わりに、酢としょうゆを半量ずつ混ぜて使ってもよい。
＊コーン缶はドライタイプだが、少々汁がある。

切り干し大根とささみのマヨサラダ

鶏ささみの缶汁を切り干し大根にもみ込み、水分をほどよく含ませます。噛めば切り干しの甘味と旨みがじんわり。
しょうがは生がなければ、チューブのものを使っても。

材料（2〜4人分）

切り干し大根……30g
鶏ささみ缶……1缶（80g）
おろししょうが……少々
マヨネーズ……大さじ1
白すりごま……小さじ1
青のり（好みで）……少々

作り方

1 切り干し大根はかたまりを手でほぐしておく。
2 ビニール袋に缶汁ごと鶏ささみを入れ、切り干し大根を加えて軽くもむ。切り干し大根が缶汁を吸ったら、おろししょうが、マヨネーズ、白すりごまを加えて混ぜる。
3 器に盛り、好みで青のりをかける。

＊お年寄りや子ども用には、切り干し大根を水少々で戻してから使うとよい。

切り干し大根とにんじんの中華サラダ

先にビニール袋でにんじんを塩もみし、しんなりさせておくのがコツ。そのあと調味料と切り干しを加えて、味をしみ込ませます。ごま油とごまで風味よく仕上げて。

●材料（2〜4人分）

切り干し大根……30g
にんじん……50g
砂糖……大さじ1
しょうゆ……大さじ1
酢……大さじ1
ごま油……大さじ1
白いりごま……少々

●作り方

1 切り干し大根は手でほぐし、にんじんはせん切りにする。
2 ビニール袋ににんじんを入れ、塩少々（分量外）をふって軽く混ぜ、しんなりさせる。
3 2に砂糖、しょうゆ、酢を入れて混ぜ、切り干し大根を加えてもむ。
4 切り干し大根に味がしみ、やわらかくなったらごま油を加えて混ぜる。仕上げに白ごまをふる。

さばマリネ

そのまま食べても十分おいしいさば缶は、玉ねぎと合わせることで味も栄養も向上。ビニール袋テクで、レモン汁とオリーブオイルをなじませて、さっぱりといただきます。

●**材料**（2～4人分）

さば水煮缶……1缶（190g）
玉ねぎ……中1/2個
レモン汁……小さじ1
オリーブオイル……大さじ1

●**作り方**

1 玉ねぎは薄切りにしてビニール袋に入れる。
2 1にさば水煮を缶汁ごと入れ、レモン汁、オリーブオイルを加えて混ぜ合わせる。
3 ビニール袋の口をしばり、しばらくおいて味をなじませる。

ひよこ豆の梅マヨあえ

煮るのに時間がかかるひよこ豆は、缶詰が便利。きゅうりでさわやかな食感をプラスし、まろやかなコクと酸味をつけました。ビニール袋でもめば、味がいきわたります。

●**材料**（2〜4人分）

ひよこ豆缶（ドライタイプ）
……1缶（100g）
きゅうり……中1本
マヨネーズ……大さじ1
梅干し……1粒

●**作り方**

1 きゅうりは縦4つ割りにしてからさいの目に切り、ビニール袋に入れて塩少々（分量外）をふり、軽くもむ。

2 1にひよこ豆、マヨネーズ、種を除いた梅干しを入れ、もんで味をなじませる。

*きゅうりの代わりに玉ねぎなどを使ってもよい。

桜えびのカリカリふりかけ

香ばしい風味と旨みを出してくれる桜えびは、保存乾物に欠かせません。青のりやごまがあれば、砕いて混ぜるだけで、ごはんのお伴に。カルシウム補給にも最適です。

材料（2人分）

桜えび……大さじ2
青のり……大さじ1
白ごま……大さじ1

作り方

1 ビニール袋に桜えびを入れ、めん棒などで袋が破けない程度に軽く叩いて細かく砕く。

2 1に青のり、白ごまを加えて混ぜる。好みで塩少々を加えてもよい。ごはんは玄米でも白米でも、好みのもので。

ホワイトアスパラのとろろ昆布

生野菜が手に入らないときは、野菜の缶詰が助けてくれます。おいしい缶汁を昆布に吸わせ、ソース代わりにしました。昆布に適度な塩けがあるので、味つけは不要です。

材料（2～4人分）

ホワイトアスパラ缶……1缶（250g）
とろろ昆布……4～5g

作り方

1 ホワイトアスパラを器に盛り、缶汁をかける。
2 **1**にとろろ昆布をのせ、アスパラにからませながら食べる。

乾物を使う

保存のきく乾物は備蓄に最適
タンパク質やミネラル補給にも

主に和食の材料として使われる乾物は、天日に干したり、加熱したりして水分を抜き、保存性を高めた食品。干すことによって栄養価が増す食品もあり、備蓄食として大いに活躍します。

代表的な乾物は、切り干し大根、高野豆腐、麩、海藻、春雨。切り干し大根については、「火を使わない」で紹介したので、ここではそれ以外の乾物を取り上げます。また、だしの出る昆布や干ししいたけ、煮干し、かつお節も乾物です。

高野豆腐や麩はタンパク質が豊富に含まれ、海藻類からはミネラルが摂れます。缶詰や野菜と組み合わせれば、さらに栄養バランスがよくなるので、意識して乾物を食べるようにしましょう。

乾物調理テク――❶

高野豆腐や車麩は、調理に使うだけの水の量で戻す。裏返しながら戻すと、全体に水がしみ込む。

乾物調理テク――❷

他の材料を入れたビニール袋や鍋に、吸った水分を絞り入れて調理。水の節約になる。

高野豆腐ステーキ

少なめの水で高野豆腐を戻し、その水をめんつゆを薄めるために使います。ビニール袋を使い、調味料をしみ込ませるのもコツ。ごま油で両面を焼いて、香ばしく仕上げます。

●材料（2人分）

小さな高野豆腐……10個
水……1/2カップ
めんつゆ（3倍希釈）……大さじ1
片栗粉……大さじ1
ごま油……小さじ1

●作り方

1 高野豆腐は分量の水につけてやわらかく戻しておく。

2 ビニール袋にめんつゆ、片栗粉を入れ、**1**の高野豆腐の水分のみ絞って入れ、よく混ぜる。そこへ高野豆腐を加え、中まで味をしみ込ませる。

3 フライパンにごま油を熱して**2**を並べる。弱火で3分焼き、裏返して2分焼く。

ひじきと大豆の煮もの

ミネラル分が豊富なひじきと、良質のタンパク質が摂れる大豆とのコンビです。大豆はドライパック（水分がない）の缶詰を使い、調理時間を短縮。熱源と水を節約します。

材料（2〜4人分）

ひじき……10g
大豆ドライパック缶……1缶（140g）
砂糖……大さじ2
しょうゆ……大さじ1
酒……大さじ1
かつお節……1パック（2.5g）

作り方

1 ひじきはひたひたの水につけて戻し、ざるに上げて水気をきる。ひじきが長ければ食べやすい長さに切る。

2 鍋に**1**と大豆を入れて混ぜながら炒め、砂糖、しょうゆ、酒、かつお節を加え、味がしみるまで煮る。

お麩きなこラスク

サクッと歯ざわりよく、甘味がうれしいスナック風。麩を戻すときに味をつけて焼き、きなこをまぶします。フライパンにアルミホイルを敷いて焼く方法にもご注目！

材料（2人分）

焼き麩……20g
スキムミルク……大さじ2
砂糖……大さじ2
水……大さじ2
きなこ……大さじ2

作り方

1 ビニール袋にスキムミルク、砂糖、水を入れてもみ混ぜ、そこへ焼き麩を入れて、まんべんなく麩に水分がしみるように混ぜる。
2 フライパンにアルミホイルを敷き、**1**を並べて両面とも焼く。
3 **2**にきなこを加えて全体にからめる。

車麩の角煮風

ボリュームがあってお腹が満足する煮ものです。戻して調味料につけ込んだ車麩を、一度焼いてから煮ることでコクを出します。つけ汁を煮汁として使うのもポイント。

●材料（2人分）

車麩……2個
水……1カップ
刻み昆布……大さじ1強
砂糖……大さじ1
しょうゆ……大さじ1
みりん……大さじ1
おろししょうが……小さじ1
片栗粉……適量

●作り方

1 ビニール袋に分量の水、車麩、刻み昆布を入れて口をしばっておき、車麩を戻す。やわらかくなったら、砂糖、しょうゆ、みりん、おろししょうがを加えて混ぜ、30分以上つける。

2 1の車麩の水気をビニール袋の中で絞り、袋の液はそのままとっておく。車麩は食べやすい大きさに切り、片栗粉を全体にまぶす。

3 フライパンにサラダ油少々（分量外）を熱し、車麩を並べて両面ともこんがり焼く。焼き色がついたら**2**でとっておいた液を加え、汁気がなくなるまで煮込む。

Point

車麩をつけておいた調味液を利用し、煮汁に。水の節約になるし、味もしっかりつく。

きくらげの佃煮

刻み昆布を加えて旨みをしっかりつけた、ミネラルたっぷりの佃煮。しょうがでピリッとさせた甘辛味は食欲を刺激し、ごはんが進みます。おにぎりの具にしてもよさそうです。

材料（2人分）

きくらげ……5g
おろししょうが……小さじ1
砂糖……大さじ1
しょうゆ……大さじ1
みりん……大さじ1
刻み昆布……大さじ1強
白いりごま……小さじ1

作り方

1 きくらげは水につけて戻し、石づきの固いところを取り除き、細切りにする。

2 鍋に**1**、おろししょうが、砂糖、しょうゆ、みりん、刻み昆布を入れて弱火にかける。ときどきかき混ぜながら汁気がなくなるまで煮て、白ごまを加え、ざっと炒める。

春雨の牛肉大和煮風味

大和煮の缶汁の旨みをたっぷり吸った春雨は、つるつるとのど越しよくいただけます。長ねぎと春雨の切り方は、キッチンばさみでチョキチョキ。まな板も庖丁も汚れません。

●材料（1～2人分）

春雨……50g
牛肉大和煮缶……1缶(90g)
水……1カップ
長ねぎ……1/2本(50g)

●作り方

1 フライパンに水と牛肉大和煮を缶汁ごと入れ、長ねぎをキッチンばさみで小口切りにしながら加える。

2 1に春雨をキッチンばさみで食べやすい長さに切りながら入れる。

3 弱火にかけて、春雨がやわらかくなるまで煮込む。

高野豆腐ドライカレー

細切り高野豆腐を肉の代用品として使います。この高野豆腐は煮ているうちにやわらかくなるので、水につけなくて大丈夫。カレー好きの子どもたちにも喜ばれること受け合い！

●材料（2～4人分）

細切り高野豆腐……20g
玉ねぎ……中1/4個
にんじん……中1/2本
にんにく（みじん切りまたはチューブ入り）……少々
カットトマト缶……1缶（400g）
マッシュルーム缶……1缶（45g）
固形スープの素……1個
カレー粉……大さじ1
塩・こしょう……各少々
サラダ油……少々

●作り方

1 玉ねぎ、にんじんはみじん切りにする。

2 鍋にサラダ油を熱してにんにくを炒め、香りが出たら**1**を加えて炒める。

3 野菜に火が通ったら、高野豆腐、カットトマト、缶汁をきったマッシュルーム、固形スープの素を加えて5分ほど煮込む。

4 **3**にカレー粉を加え、塩、こしょうで味を調える。これを、ごはん、パン、パスタ、もちなどと一緒に食べる。

Point

細切り高野豆腐は煮ているうちに戻るので、水につけなくてもOK。玉ねぎ、にんじんは、火が通りやすいようにみじん切りにする。

乾めんを使う

水や燃料を節約する方法とつゆをおいしくする工夫を

乾めんも乾物の仲間ですが、主食になるものなので、高野豆腐や麸などとは分けて考え、数種類を用意しましょう。

乾めんは湯でゆでないと食べられません。このことは、水や燃料を節約したいときにネックになります。したがって、使う水の量を最小限にし、加熱時間も短くする工夫が必要です。例えば、ひたひたの熱湯で1分ゆでたら、火を止め、蓋をして蒸らす、というように。

また、汁めんの場合は、昆布やかつお節、干ししいたけなど、だしの出る乾物をめんと一緒に煮れば、それを具にして食べることもできます。ただし、塩分が多いタイプのめんは、一度ゆで汁を捨てるなど、ひと工夫してみてください。

乾めん調理テク――❶

めんが長い場合は半分に折ってフライパンに入れ、1分ゆでて火を止め、蓋をして余熱で火を通す。

乾めん調理テク――❷

めんをゆでる水に、だしの出る昆布や干ししいたけ、かつお節などを入れ、そのまままつゆにする。水と燃料の節約になる。

カルボナーラ風パスタ

ショートパスタは1分だけゆで、余熱で火を通します。熱いうちにポタージュスープの素で和えるだけと簡単。粉チーズをたっぷりふってクリーミーな味に仕上げます。

● **材料**（1〜2人分）

ショートパスタ（マカロニ、ペンネなど）……100g
水……1と1/2カップ
粉末コーンクリームポタージュ……1袋（15g）
粉チーズ……大さじ1〜2

● **作り方**

1 フライパンに水と塩少々（分量外）を入れて沸騰させ、パスタを加えて1分ゆでる。

2 1に蓋をして火を止め、表示通りの時間おき、余熱で火を通す。

3 2に粉末コーンクリームポタージュと粉チーズを入れてよく混ぜる。器に盛り、さらに好みの量の粉チーズをふりかける。

ボンゴレトマトスパゲッティ

スパゲッティは早ゆでタイプを使うとスピーディ。あとは、缶詰の具を入れて煮るだけ。あさりの缶汁は捨てずに入れます。ドライパセリや粉チーズをかければ、本格派のボンゴレに。

●材料（2～4人分）

スパゲッティ（あれば3分早ゆでタイプ）……200g
水……1と1/2カップ
あさり水煮缶……1缶（130g）
マッシュルーム缶……1缶（45g）
カットトマト缶……1缶（400g）
塩・こしょう……各少々
ドライパセリ（あれば）……少々

●作り方

1 フライパンに水と塩少々（分量外）を入れて沸騰させ、スパゲッティを半分に折って入れ、1分ゆでる。

2 1に蓋をして火を止め、表示通りの時間おき、余熱で火を通す。

3 1にあさりを缶汁ごと入れ、缶汁をきったマッシュルーム、カットトマトを加えて混ぜ合わせる。

4 3を火にかけて5分ほど煮込み、塩、こしょうで味を調える。あれば、好みでドライパセリや粉チーズをかける。

タイカレー ビーフン

目先も味もちょっと変えたいときは、子どもたちにも人気のカレー味に。ピリ辛のタイカレー缶にビーフンを入れて煮込めば、エスニックな風味漂う一皿のできあがり！

材料（1人分）

チキンとタイカレーレッド缶……1缶（125g）
ビーフン……50g
水……大さじ2

＊タイカレー缶は、好みの味のものを選ぶとよい。

作り方

1 フライパンにタイカレー缶を入れ、上にビーフンを広げて入れ、水を加えて火にかける。
2 そのまま汁気がなくなるまで煮込む。途中で何度か混ぜてビーフンに味をからめる。

焼きうどん

うどんも蒸らす方法でやわらかくし、残りの水分でキャベツや桜えびに火を通せば、具の旨みがうどんにしみ込みます。めんに塩分があるので、塩やしょうゆは入れず、塩味が強いタイプのめんは、ゆで水を倍に。

材料（1人分）

うどん乾めん……100g
水……1と1/2カップ
キャベツ……1枚（約100g）
干し桜えび……10g
かつお節……1パック（2.5g）
こしょう（好みで）……少々

作り方

1 キャベツは太めのせん切りにする。

2 フライパンに水を入れて沸騰させ、うどんを半分に折って加え、1分ゆでる。蓋をして火を止め、表示通りの時間おき、余熱で火を通す。

3 2にキャベツと桜えびを加えて火をつけ、炒め合わせる。かつお節を加えて混ぜ、味をみて好みでこしょうをふる。

＊塩分が気になる場合は、うどんをゆでる水の量を3カップにし、余熱で火を通したあと、半量を捨てる。

Point

油を使わず、うどんの水分をキャベツと桜えびに吸わせながら火を通す。こうすると、桜えびの香ばしさが全体にいきわたる。

にゅうめん

おいしいだしの出る昆布や干ししいたけを水から加えて、そのまま具にもします。そうめんに塩気があるので、味つけは不要。かつお節の風味であっさりいただきます。

材料（1人分）

そうめん……50g
水……2カップ
刻み昆布……大さじ1強
干ししいたけ……1枚
かつお節……1パック（2.5g）
乾燥ねぎ・刻みのり（あれば）……少々

作り方

1 鍋に水と刻み昆布を入れ、干ししいたけをキッチンばさみで細長く切りながら入れて火にかける。沸騰したらかつお節を入れてひと煮立ちさせる。

2 1にそうめんを入れて1分半煮込む。器に盛って、あれば、乾燥ねぎや刻みのりを散らす。

＊だしに使った昆布、しいたけ、かつお節もそのまま具として食べる。

そろえて おきたい 便利調味料

いつもの料理にも使えて、非常時にも役立つお助け調味料。めんつゆ、カレー粉、ポン酢、レモン果汁、おろししょうが（チューブ）、おろしにんにく（チューブ）など。

だし味 アップに 役立つ乾物

だしの材料を一緒に煮込めば、旨みが出るし、栄養価も向上。刻み昆布、干ししいたけ、桜えび、かつお節のほかに、煮干しも利用したい。

ごはんもの

日ごろから鍋でごはんを炊く練習を

毎日食べて、エネルギー源になっているごはんは、非常時であってもやはり必要なもの。電気炊飯器が使えない間はカセットコンロを使い、鍋で炊いても十分おいしく炊けます。子どもと一緒に日ごろから練習しておくとよいでしょう。

ごはんさえあれば、缶詰の具をのせたり、炒めたり、満足感のある料理ができます。

鍋でごはんを炊く

電気がストップしたときのために、鍋でごはんを炊く練習をしておきましょう。

1
米1合（180ml）に対して、水1カップ強（240ml）を用意する。

2
鍋に研いだ米と分量の水を入れて、30分以上浸水させる。

3
蓋をして強火にかけ、7～8分後にブクブクと小さな泡が出てきて、吹きこぼれそうになったら火を弱める。

4
蓋をしたまま10分弱火にかけ、蓋を開けて水分量を確認する。炊けていれば蓋を戻して火を止め、10分間蒸らす。まだ水分が残っていたら再度弱火にかけ、1～2分したら確認し、蒸らす。

5
しゃもじで全体をざっくり切るようにして上下を返し、混ぜて出来上がり。

3

4

5

焼き鳥丼

焼き鳥缶の甘辛いたれは、ごはんとも好相性。うずらの卵でマイルドな食感を加え、丼に。生卵が手に入れば、卵で閉じてもよく、あれば野菜も入れるといっそう美味です。

材料（1人分）

焼き鳥缶……1缶（85g）
ごはん……1杯分
うずら卵水煮缶……3個
七味唐辛子（好みで）……適量

作り方

1 焼き鳥を缶汁ごとビニール袋に入れ、缶汁をきったうずら卵を加えて味をなじませる。

2 器に温かいごはんを盛り、**1**を汁ごとのせる。うずら卵は半分に切ると見た目がきれい。好みで七味唐辛子をふる。

ひじき入り いか飯

●材料（2人分）

米……1合
水……1カップ
味付きいか缶……1缶（130g）
ひじき缶（ドライタイプ）……1缶（110g）
おろししょうが……小さじ1

ひじきやいかも缶詰を使えば、下ごしらえや味つけは不要。味付きいかの缶汁を生かしてごはんに炊き込み、栄養価の高い一碗に。もちろん、炊飯器でもできます。

●作り方

1 鍋に研いだ米と分量の水を入れ、30分浸水させる。
2 1に味付きいかを缶汁ごと入れ、ひじき、おろししょうがを加えて混ぜ、蓋をして強火にかける。
3 7～8分後にブクブク泡が出てきたら弱火にする。10分たったら中を確認し、炊けていれば蓋をして火を止め、10分蒸らす。

＊炊飯器で炊く場合は、分量の水で浸水させた米に具を入れ、スイッチを入れるだけ。

カレーピラフ

缶詰の具とカレー粉をごはんに炊き込む簡単な方法ですが、鶏や野菜の味がミックスされ、豊かな味わいに。カレーの風味で食欲が増し、元気が出てきます。

●材料（2人分）

鶏ささみ缶……1缶（80g）
米……1合
水……1カップ
グリーンピース……1缶（85g）
ホールコーン缶（ドライタイプ）……1缶（160g）
カレー粉……大さじ1
塩・こしょう……各少々

●作り方

1 鍋に研いだ米と分量の水を入れ、30分浸水させる。

2 1に鶏ささみを缶汁ごと入れ、缶汁をきったグリーンピース、コーン、カレー粉、塩、こしょうを加えて軽く混ぜ、蓋をして強火にかける。

3 7～8分後にブクブク泡が出てきたら弱火にし、10分たったら中を確認し、炊けていたら火を止めて10分蒸らす。味をみて、さらに塩、こしょうで味を調える。

かんぴょう入り いわし丼

蒲焼きの甘味が煮汁に溶け込み、上品な味付けに。調理道具を減らすため、かんぴょうは調理に使う水の量で戻し、そのまま煮ていきます。材料もキッチンばさみで切る方法で。

●材料（2人分）

かんぴょう……20g
水……1カップ
いわし蒲焼き缶……1缶（100g）
長ねぎ……1/2本
めんつゆ（3倍稀釈）……大さじ1
ごはん……2杯分
粉山椒（好みで）……少々

●作り方

1 かんぴょうはさっと洗って塩少々（分量外）をまぶしてよくもみ、塩を洗い流す。これをキッチンばさみで2～3cm長さに切りながら鍋に入れ、分量の水を加えて戻す。

2 かんぴょうが十分やわらかくなったら、長ねぎをキッチンばさみで小口切りにしながら加え、いわし蒲焼き、めんつゆを加えて蓋をして煮る。

3 かんぴょうに味がしみたら火を止め、ごはんの上にのせる。好みで粉山椒をふる。

Point

かんぴょうは十分に戻してから煮ると、時間短縮に。いわし蒲焼きとの味のなじみもよく、ひと味おいしくなる。

いも・玉ねぎ・にんじんで作る

保存のきく野菜を常備し
メニューと栄養の幅を広げる

じゃがいもやさつまいもなどのいも類、にんじん、玉ねぎは、野菜の中でも日持ちがするほう。日常の料理にもよく登場するものなので、常に一定の量をストックしておきましょう。

この三つがあれば、レパートリーはぐんと広がります。とくにシチューやスープなど、温かい料理に大活躍。栄養面でも糖質やビタミンC、カロテンなどが摂れ、生の野菜ならではのおいしさが味わえます。もちろん、ほかの野菜でも保存がきくものがあれば、仲間に加えておくといいでしょう。

保存場所は室内の涼しい場所でよく、その際は、新聞紙などで軽く包む程度にします。

常備野菜の保存法

いも類、玉ねぎ、にんじんなどは、新聞紙などの紙に包むか、むき出しにして、風通りのよい涼しい場所に置く。

常備野菜（根菜）の調理テク

いも・玉ねぎ・にんじんは、火の通りを早くするために小さめに切る。1cm角切り、薄切り、せん切りがおすすめ。

常備野菜とツナのコーンクリーム煮

野菜は早く煮えるように小さく切り、コーンクリーム缶を加えれば、あっという間にできあがり。肉類の代わりにツナ缶でコクを加えた、食べ応えのあるクリーム煮です。

●**材料**（2〜4人分）

じゃがいも……中1個
玉ねぎ……中1/4個
にんじん……中1/2本
ツナ缶（ノンオイル）……1缶（70g）
コーンクリーム缶……1缶（190g）
水……1カップ
固形スープの素……1個
塩・こしょう……各少々

●**作り方**

1 じゃがいも、玉ねぎは皮をむき、にんじんは皮つきのまま、それぞれ1cmの角切りにする。

2 鍋に分量の水と**1**、固形スープの素を入れて蓋をし、中火で野菜がやわらかくなるまで煮る。

3 2にツナを缶汁ごと入れ、コーンクリームを加えてひと煮立ちさせ、塩、こしょうで味を調える。

さつまいもの りんごジュース煮

さつまいもの糖分に果汁のさわやかな甘味が合わさって、深みのある甘さに。レーズンの凝縮した甘酸っぱさがアクセント。おやつにしても喜ばれます。

材料（2〜4人分）

さつまいも……小1本
りんごジュース（100％果汁）……200cc
レーズン……大さじ1

作り方

1 さつまいもは表面をよく洗い、皮つきのまま1cm 厚さの半月切りかいちょう切りにする。
2 鍋に**1**とりんごジュース、レーズンを入れて火にかけ、さつまいもがやわらかくなるまで煮る。

じゃがいもとコンビーフのガレット

じゃがいもは水にさらさなくてOK。コンビーフに塩分があるので、塩は加えず、粉チーズで風味をつけて、こんがり焼き上げます。具をツナ缶にしても美味。

材料（底面直径20cmフライパン1枚分）

じゃがいも……中2個
コンビーフ缶……小1/2缶（40g）
粉チーズ……大さじ2
小麦粉……大さじ1
こしょう……少々
オリーブオイル……大さじ1

作り方

1 コンビーフは、ビニール袋の中でよくほぐしておく。

2 じゃがいもはせん切りにし、**1**に入れ、粉チーズ、小麦粉、こしょうを加えてもみ混ぜる。

3 フライパンにオリーブオイルを熱し、**2**を円形に敷き詰める。こんがり焼けてきたら裏返し、フライ返しで押さえながら、焼き色をつける。

＊コンビーフ缶を使い切りたいときは、じゃがいもなどの材料を2倍にし、2枚作る。または、コンビーフの半量を他の料理に使う。

お麩じゃが

肉の代わりに麩を使ったヘルシーなお総菜。麩と煮干しを一緒に水につけることで、麩を戻す水を節約。野菜からでる旨みが麩にじんわりしみた、やさしい味です。

材料（2～4人分）

焼き麩……20g
煮干し（小）……大さじ1強
水……1カップ
じゃがいも……大1個
玉ねぎ……中1/2個
にんじん……中1/2本
砂糖……大さじ1
しょうゆ……大さじ1
酒……大さじ1
サラダ油……少々

作り方

1 分量の水に麩と煮干しを入れ、麩を戻しながら同時にだしを取る。
2 じゃがいも、玉ねぎ、にんじんは小さめの乱切りにする。
3 鍋にサラダ油を熱し、**2**を炒める。ここへ、**1**の水と煮干しを入れ、麩は水分のみを絞って入れる。
4 沸騰したら弱火にし、砂糖、しょうゆ、酒を加えてざっと混ぜ、絞った麩を入れる。蓋をして、野菜がやわらかくなるまで10分ほど煮込む。

Point

野菜、水、煮干しの中に、まず麩の水分だけを絞り入れ、調味してから麩を加える。こうすると、麩によく味がしみる。

とろ〜りクリーミーなスープは、常備野菜と缶詰のコンビにおまかせ。あさり缶は缶汁ごと使い、ホワイトソースをなめらかにのばします。一杯で体がぽっかぽかに。

クラムチャウダー

材料（2〜4人分）

あさり水煮缶……1缶（130g）
じゃがいも……中1個
玉ねぎ……中1/4個
にんじん……中1/2個
ホワイトソース缶……1缶（290g）
水……2カップ
塩・こしょう……少々
サラダ油……少々

作り方

1 じゃがいも、玉ねぎ、にんじんは1cm角に切る。
2 鍋にサラダ油を熱し、**1**を入れて炒め、分量の水を加えて野菜がやわらかくなるまで煮る。
3 **2**にあさりを缶汁ごと入れ、ホワイトソースを加えて混ぜ、煮汁にソースを溶かす。そのまま5分ほど煮込み、塩、こしょうで味を調える。

ミックスビーンズと野菜のトマトスープ

トマトスープも缶詰があれば簡単。にんにくでイタリアンの香りを出し、材料を煮込むだけ。豆のホクホクした食感にトマト味がよく合い、しかもタンパク質が補充できます。

●材料（2〜4人分）

ミックスビーンズ缶……1缶（110g）
玉ねぎ……中1/4個
にんじん……中1/4本
おろしにんにく……少々
カットトマト缶……1缶（400g）
固形スープの素……1個
水……1カップ
塩・こしょう……各少々
サラダ油……少々

●作り方

1 玉ねぎ、にんじんは1cm角に切る。

2 鍋にサラダ油とにんにくを入れて熱し、香りが出たら**1**を炒める。

3 野菜がしんなりしたらカットトマト、ミックスビーンズ、分量の水、固形スープの素を加えて5分煮込む。最後に塩、こしょうで味を調える。

さつまいもと鶏そぼろの煮込み

鶏の缶詰の中から「鶏そぼろバジル」をチョイス。ハーブの香りがさつまいもの甘味とマッチし、洋風おかずに変身します。味がよくからむように、少量の水で煮るのがコツ。

●材料（1～2人分）

さつまいも……小1/2本
鶏そぼろバジル缶……1缶（75g）
水……大さじ1

●作り方

1 さつまいもは表面を洗い、皮つきのまま5mm厚さの半月切りかいちょう切りにする。

2 鍋に鶏そぼろバジルと**1**、水を入れて弱火にかけ、汁気がなくなるまで煮込む。

洗い物を減らす工夫

災害時の水は貴重なもの。
調理に使う水はなるべく節約し、
調理道具や器を洗う水も最小限に抑えましょう。

皿はラップをかけて使う

器にラップをかけ、その上に料理をのせると、器が汚れずにすみ、そのつど洗う必要がなくなる。

フライパンにアルミホイルを敷いて調理する

フライパンの油汚れやこびりつきは、アルミホイルで予防。揚げものや炒めものはなるべく避けて、アルミホイルの上に材料をのせて、蒸し焼きする方法ならほとんど汚れない。

粉もので作る

メニューによって主食がわりやおやつにもなる便利食品

小麦粉、片栗粉、白玉粉などの粉ものも、ある程度は保存のきく食品です。その多くは穀物からできているので、腹持ちがよく、メニューによっては主食がわりになります。あらかじめ味がついているお好み焼き粉やホットケーキミックスは、料理時間を短縮してくれます。

片栗粉や白玉粉を使ったおやつも、甘いものが欲しくなったときに、すぐに作ることができて、心の栄養にもなります。

粉ものは日常的にもよく使うので、切れそうだったら買い足して、常に〝ある〟状態にしておきましょう。注意点としては、使いかけの粉は密封容器などに入れて保存すること。できれば冷蔵室に入れ、消費期限を守ることも大事です。

粉もの調理テク――❶

粉を水に溶かすときは、粉に水を少ずつ加え、よくかき混ぜてダマにならないようにする。牛乳の代わりにスキムミルクを使うときも同様に。

粉もの調理テク――❷

２種類以上の粉を使うときは、あらかじめ粉を混ぜ合わせてから、水を加えて練り混ぜる。砂糖を加える場合も同様に、粉の段階で混ぜる。

ミルククずもち

片栗粉とスキムミルクで作る和風のおやつ。火にかけながら練り混ぜるだけで手軽に作れます。きなこをたっぷりまぶして、甘味とふわふわの食感を楽しみましょう。

材料（2人分）

片栗粉……大さじ3
砂糖……大さじ1
スキムミルク……10g
水……1/2カップ
A きなこ……大さじ1
　砂糖……小さじ1

作り方

1 鍋に片栗粉、砂糖、スキムミルクを入れてよく混ぜ合わせ、水を加えてよく溶き混ぜておく。
2 別の器でAのきなこと砂糖も合わせておく。
3 **1**の鍋を火にかけてかき混ぜ、固まってきたら火を止め、さらに1分ほどなめらかになるまで練り続ける。
4 **3**をスプーンですくって一口大に丸め、**2**をまぶす。

さばみそ入りすいとん

小麦粉を水で練ったすいとんと野菜のおつゆに
さばみそ煮缶を加え、コクと栄養をつけました。野菜は根菜の
ほかに葉ものやねぎなど、何を入れてもおいしくできます。

材料（2〜4人分）

さばみそ煮缶……1缶（190g）
大根……2cm
にんじん……中1/2本
さつまいも……小1/4本
ごぼう……1/2本
水……3カップ
刻み昆布……大さじ1強
かつお節……1パック（2.5g）
A　薄力粉……50g
　　水……50ml

作り方

1 大根は皮をむき、にんじん、さつまいもは皮つきのまま、半月切りかいちょう切りにする。ごぼうは表面を洗い、斜め薄切りにする。

2 鍋に分量の水、刻み昆布、**1**の野菜を入れて火にかけ、沸騰したらかつお節を加えて煮る。

3 野菜を煮ている間に、ボウルにAの薄力粉と水を入れてよく混ぜ、すいとんのタネを作る。

4 野菜がやわらかくなったらさばみそ煮を加え、**3**をスプーンですくって鍋の中に落とし、火が通るまで煮る。

＊野菜は何を入れてもOK。青菜は煮すぎないように、すいとんを入れたあとに加える。

桜えびの お好み焼き

あらかじめ調味料が入っているお好み焼き粉を使えば、作り方はシンプル。桜えびで香ばしさを出し、かつお節で旨みをプラス。お腹がすいたときの間食にもぴったりです。

材料（底面直径20cmのフライパン1枚分）

お好み焼き粉……100g
水……3/4カップ
長ねぎ……1/2本
桜えび……10g
サラダ油……少々
青のり（あれば）……少々
かつお節……1パック
好みのソース……適量

作り方

1 長ねぎは小口切りにする。

2 ボウルにお好み焼き粉と分量の水を入れてよく混ぜる。ここへ、桜えびと**1**の長ねぎを入れてさらに混ぜる。

3 フライパンにサラダ油を熱し、**2**を入れて広げ、焼き色がつくまで焼く。裏返して両面とも色よく焼く。

4 青のりやかつお節をふりかけ、手持ちのソースをかける。

フルーツとナッツ入りホットケーキ

ホットケーキミックスとスキムミルクの生地を一口サイズに焼きました。甘味のあるドライフルーツと食感のよいナッツを入れて、子どもも大人も大好きなおやつに。

●材料（2〜4人分）

ホットケーキミックス……100g
スキムミルク……大さじ1
ドライフルーツミックス……適量
ミックスナッツ……適量
水……1/2カップ
サラダ油……少々

●作り方

1 ボウルにホットケーキミックスとスキムミルクを入れ、先に混ぜてから分量の水を加えて混ぜる。さらにドライフルーツとナッツ類を入れて混ぜる。

2 フライパンにサラダ油を熱し、**1**を円形に落として弱火で焼く。表面にポツポツと泡が出てきたら裏返し、両面とも色よく焼く。

白玉フルーツ あんこのせ

白玉団子を作り、缶詰のフルーツミックスとあずき煮を添えるだけで、本格的なデザートに！フルーツのさわやかな甘味と、あずきの濃厚な甘味が口の中で溶け合います。

材料（2人分）

白玉粉……50g
水……50ml
あずき煮缶……適量
フルーツミックス缶……適量

作り方

1 ボウルに白玉粉と分量の水を入れて混ぜ、耳たぶくらいの固さにする。

2 鍋に水適量（分量外）をわかす。**1**を直径2～3cmくらいに丸め、指で中央をへこませながら熱湯に落としていく。浮き上がったものから水に取り、冷まして水気をきる。

3 器に**2**の白玉だんご、フルーツミックス、あんこを盛りつける。

防災食を使う

緊急時には防災食が便利
主食になるものを優先して

被害の状態がひどかったり、備蓄食品を使って調理をする余裕がなかったりしたときには、防災食が便利です。

ここで言う防災食とは、常温で長期保存ができ、そのまま、あるいは水を少し加えたり、温めたりするだけで、すぐに食べられるように考えられたもの。アルファ米、レトルト食品、防災食用もち粉、乾パン、フリーズドライの野菜やスープなどがあります。

なかでも主食になるものは、とりあえずのエネルギー源として必要なので、家族の人数×二〜三日分を備えておきたいもの。少し余裕ができてきたら、缶詰や野菜と組み合わせるなど、栄養補給を考えていきましょう。

もち粉＋水でおもちに！

熱源がなくても、水を入れてこねるだけで、おもちになる商品。エネルギーの補給に最適です。そのままでも、焼いても煮てもおいしく、腹持ちがいいので災害時にはとても便利。

1

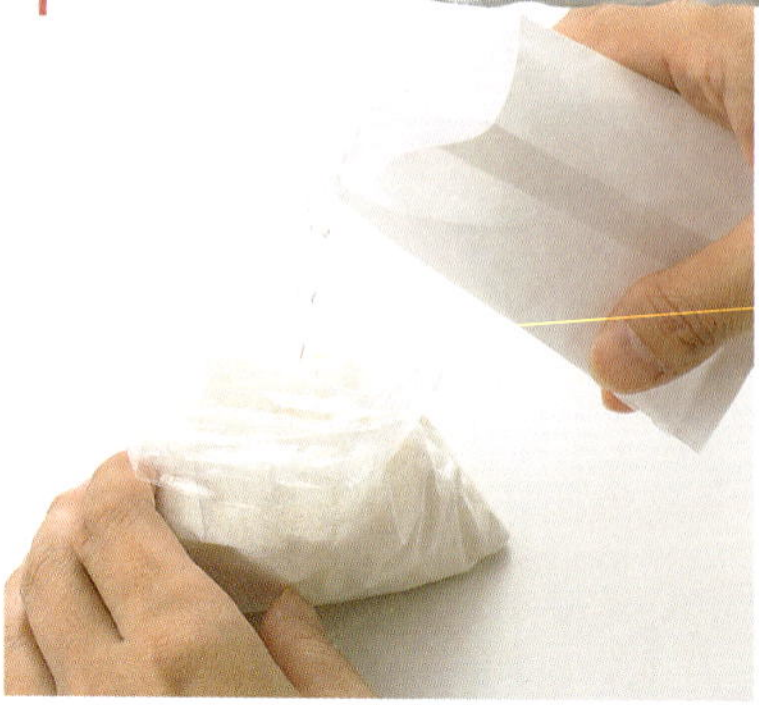

もち粉の入ったビニール袋に水50mlを加え、袋の口と底の端をもち、上下にふって空気を含ませる。これをしっかり両手でもむ。

2

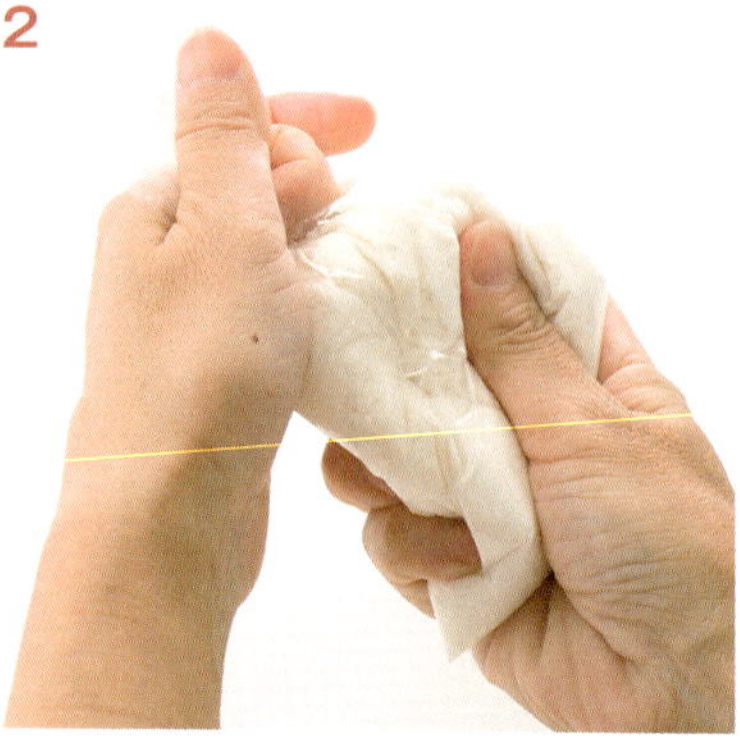

ねっとりしてきたら袋に入れたまま5分寝かせる。ビニール袋の底の角を切り、適当な大きさにしぼり出す。あんこやきな粉をかけたり、野菜と一緒にスープにして、とろりとさせても食べやすい。

もちラザニア

カセットコンロとフライパンが使える状況であれば、防災食だけでも食べごたえのある料理が可能。蓋をして蒸し焼きにする方法なら、オーブンなしで、ふっくらもちもちの食感に！

材料（2人分）

防災食用もち粉……1袋（40g）
水……50ml
ミートソース缶……大さじ3
とろけるチーズ……20g

＊個包装のもちを使ってもよく、その場合は、ゆでてやわらかくしておく。
＊とろけるチーズがなければ粉チーズで代用する。

作り方

1 ビニール袋にもち粉と水を入れてこね、もちを作る。
2 フライパンにアルミホイルを敷く。**1**の袋の底の端を三角に切り、アルミホイルの上に、もちを一口大ずつ絞り出す。
3 もちの上にミートソースをかけ、チーズをのせて蓋をし、チーズがとけるまで焼く。

アルファ米の かぼちゃがゆ

水か湯で戻すだけで、ごはんになるのがアルファ米。野菜と一緒にだしで煮ることで、おいしさをアップさせました。野菜はいも類や葉ものでもよく、塩味はお好みで。

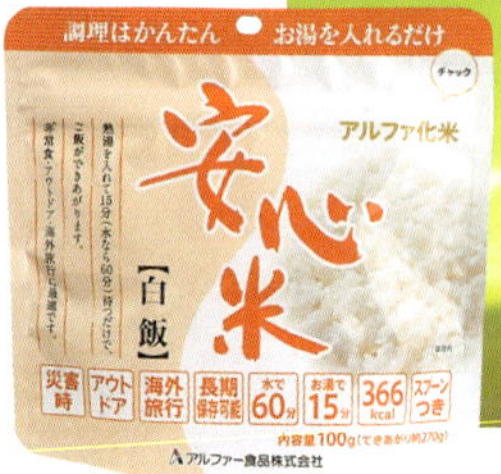

● **材料**（2〜4人分）

フリーズドライのアルファ米……1袋
かぼちゃ……200g
だし……3カップ
塩……少々

● **作り方**

1 かぼちゃは一口大に切る。

2 鍋にだしを入れ、**1**とアルファ米を入れて火にかけ、15〜20分、かぼちゃがやわらかくなるまで煮る。塩少々で味を調える。

＊さつまいもや里いも、青菜など、手持ちの野菜を使ってもよい。

乾燥野菜入り レトルトがゆ

お好みのレトルトがゆに野菜を加えて栄養価を高め、味に変化をつけました。乾燥野菜は十分戻してから入れましょう。かつお節や青のりなどで風味をプラスしても。

材料（2人分）

レトルト梅がゆ……1袋
乾燥ミックス野菜……適量
水……少々

作り方

1 乾燥野菜は水につけてやわらかくしておく。

2 鍋にレトルト梅がゆと**1**を入れて火にかけ、とろりとさせる。やわらかいおかゆにしたい場合は、水適量を加えて煮る。

＊レトルトがゆは多種類出ているので、手持ちのもの、好みのものを使う。
＊乾燥野菜も好みのもので。大根やにんじん、きゅうりなどをせん切りにして天日に干し、保存しておくと便利。

おわりに

震災に備えて備蓄をしておく必要性については、どなたも周知のことだと思います。地震だけでなく、台風や大雪などの自然災害にも備えが必要と考えてはいるものの、実行するとなると、遅々として進まないのが現状ではないでしょうか。

私は日頃からある程度の防災食を備蓄し､常にたくさんの食料をストックしていたので、備えは万全と安心をしていました。そんな中で、二〇一一年三月一一日に東日本大震災が起こりました。その日は一時間だけだからと、幼稚園生だった息子に留守番を託し、車で出かけ地震に遭遇、家に帰れない状態に陥りました。

地震が起こったときに、私たち親が仕事や用事で外出していて、子どもが一人残されたとしたら、どうなってしまうのか、そのとき初めて危機感を覚えました。備蓄をしていても､子どもがそれを使えなかったら､せっかくの食料が生かせません。備蓄品がどこにあって､どうすれば食べられるのかを、家族で共有しなければならないと強く思ったのでした。

それから数か月後、管理栄養士として、食育や講師活動をしていた私のもとに、地元の区役所から、防災食の生涯学習講座の講師の依頼がありました。そのことがきっかけとなり防災食について研究し、防災への意識を高めるお手伝いをしたいと、日本災害食学会の災害食専門員になりました。

わが家では震災の備えとして、食卓を囲んだときなどに、缶詰はどんなものを用意しているのか、どこに入れてあるか、防災食はどうやって食べるのかなどを話題にすることにしました。缶詰や防災食の新商品が発売されたら、みんなで試食をし、実際に子どもや夫にも作ってもらいます。防災食の発熱剤入りレトルト食品などは、温かくするための作り方に手順があるので、戸惑わないためにも事前に試してみることをおすすめします。

ぜひ本書のレシピを作ってみてください。最小限の水や火を使うだけでもおいしい料理が作れることを実感していただけることでしょう。そして、食材のアレンジを楽しんでいただくことによって、いざというときに、家にある材料を使って臨機応変に料理を作ることができるのではないかと思っています。

二〇一五年二月

今泉マユ子

石川伸一　いしかわ・しんいち

宮城大学食産業学部准教授。1973年生まれ。東北大学農学部卒業、同大学院農学研究科修了。北里大学助手・講師、カナダ・ゲルフ大学客員研究員を経て現職。専門は、分子レベルの食品学・調理学・栄養学。主な研究テーマは、鶏卵の栄養性、機能性に関する研究。著書に『必ず来る! 大震災を生き抜くための栄養学』（主婦の友社）、『料理と科学のおいしい出会い:分子調理が食の常識を変える』（化学同人）がある。

今泉マユ子　いまいずみ・まゆこ

管理栄養士・日本災害食学会災害食専門員。1969年生まれ。現在、神奈川県横浜市在住。保育園での献立作成、社員食堂の立ち上げ、メニュー開発などを行う。食育活動の中で災害時の食の大切さを痛感し、個人や企業に対する防災食や備蓄計画についてのアドバイスを行っている。ほかに、水のマイスター、JUNIOR野菜ソムリエなどの資格を持つ。著書に『体がよろこぶ 缶詰「健康」レシピ』（清流出版）、『からだにおいしい缶詰レシピ』（法研）がある。

構成・編集 ● 山中純子
撮影 ● 中川真理子
ブックデザイン ● 深山典子

「もしも」に備える食
災害時でも、いつもの食事を

2015年2月23日［初版第1刷発行］
2020年7月 3日［初版第4刷発行］

著　者　石川伸一・今泉マユ子

発行者　松原淑子
発行所　清流出版株式会社
〒101-0051 東京都千代田区神田神保町3-7-1
電話　03-3288-5405
http://www.seiryupub.co.jp/
印刷・製本　大日本印刷株式会社

乱丁・落丁本はお取替えします。
ISBN 978-4-86029-427-4